만년 지각쟁이 엄마의 미라클 모닝

오늘도
새벽에 일어나
기적을 깨웁니다

만년 지각쟁이 엄마의 미라클 모닝

오늘도
새벽에 일어나
기적을 깨웁니다

이경진 지음

이담북스

새벽 기상 7년 차가 되기까지

　어린 시절부터 무력감이나 우울감에 빠지면 이불 안에 들어가 잠을 자는 방법으로 내게 닥친 현실을 모른 척했다. 그렇게 잠은 자꾸자꾸 늘었다. 밥을 먹고 자고 친구들과 문제가 생기면 잤다. 학교에서도 점심을 먹고 그대로 책상에 엎드려 잠을 잤는데 다음 수업 시간에 겨우 일어나 잠에 취한 채로 교과서를 보기도 했다. 하루 중 잠자는 시간이 가장 편안하고 좋았다. 이후 어른이 되어서도 회사생활에 지장이 생길 정도로 잠을 잤다. 한 달 일한 월급의 절반은 직장 동료나 친구들과의 술자리에 쓰고, 나머지 절반은 늦잠 잔 다음 날의 택시비로 썼다. 반복되는 지각으로 인해 권고사직으로 퇴사 처리되기도 하고, 눈치가 보여 내가 먼저 사직서를 내기도 했다. 늦잠으로 퇴직한 사람은 아마 손에 꼽힐 정도일 것이다.

　이후 결혼하고 아이를 낳았다. 그때까지는 괜찮았지만, 아이가 커갈수록 나의 늦잠은 문제를 일으켰다. 내가 아이보다 늦게 일어나기도, 아이와 함께 늦잠을 자기도 했다. 아이는 내 어린 시절처럼 학교에 지각하고 등굣길을 뛰어다니는 날이 많아졌다. 아이를 위해서라도 나는 늦잠을 고쳐야 했다. 더는 작은아이를 유모차에 태우고, 옆에는 8살 딸아이와 함께 뛰어다니는 생활을 지속하고 싶지 않았다.

아이가 아침마다 지각하는 생활이 계속되던 중 우연히 습관에 관한 다큐멘터리 동영상을 보게 되었다. 아이를 위해 더 나은 엄마가 되고 싶다고 생각하던 참에 보게 된 영상이었다. 영상의 내용은 나쁜 습관을 지닌 6명의 참가자 전원이 의지를 갖고 노력하니 고치게 되었다는 것이다. 영상엔 여러 사람이 나왔다. 그중 가장 변하지 않을 것 같던 애연가 청년이 66일 만에 담배를 끊어내는 것을 보고 나도 할 수 있을 거라는 자신감이 들었다.

이제부터라도 아침형 인간이 되어보자고 마음을 먹고, 동영상에 나온 방법을 토대로 기상 습관을 들여 나가기 시작했다. 다른 사람들처럼 새벽 기상은 둘째치고 아침 늦잠이라도 고쳤으면 좋겠다는 생각이었다. 먼저, 노트 한 장을 찢어 자를 대고 줄을 쭉쭉 그었다. 영상에서 지독한 습관을 고쳐낸 방법인 습관 기록표를 만들었다. 먼저 21일부터 시작하기로 하고 칸을 만들었다. 3일, 7일, 14일, 21일 각 분기별로 고비를 맞이할 때마다 내게 보상을 내릴 상벌도 정했다. 상으로는 '무엇을 살까?' 혹은 '무엇을 해볼까?' 하다가 평소에 자주 안 먹어본 족발을 먹기로 했다. 우리 가족들은 족발을 별로 좋아하지 않았다. 그래서 족발은 혼자 먹기도 애매해서 식탁에 잘 안 올리던 음식이었다. 벌은 그날 저녁을 먹지 않기로 했다.

습관 기록표를 벽에 붙여 놓고 다음 날부터 바로 오전 7시 기상 시간에 도전했다. 이틀째까지는 당당하게 성공했지만, 3일째에는 실패했다. 하지만 실패한 것에 중점을 두지 않았다. 첫날과 이틀째 날에 성공했다는 것에 중점을 두고 다시 도전했다. 이후 숱한 실패에도 나는 다시 도전하고 도전했다. 그동안의 삶을 돌아보면 하다가 말았던 일들이 무수히 많다. 이번에는 나에게 주는 상인 족발을 먹기 위해서라도 계속 도전했다. 아마도 이 상이 없었다면, 과거처럼 기상 습관들이기도 어느새 흐지부지되었을 것이다. 상과 벌은 습관을 들이는데 아주 강력한 도구였다. 벌은 내게 공포를 주었다. 마음이 해이해질 때는 '저녁밥을 못 먹을 순 없잖아!' 하며 또 열심히 일어났다.

그렇게 도전을 시작한 후 일주일 동안은 오전 7시 기상에 성공해 아이들과 함께 족발을 먹었다. 족발보다도 일주일 동안 꾸준히 약속을 지켜낸 것에 성취감을 크게 느꼈다. 이대로만 하면 앞으로 무엇이든 할 수 있겠다는 자신감도 얻었다. 오전 7시 기상 시간이 익숙해지자 나는 더 이상 아침을 바쁘게 살지 않게 되었다. 집을 치우고 아이들의 아침밥을 준비하는 등 훨씬 여유 있는 아침을 살게 되었다. 분기마다 '다음엔 어떤 걸 보상으로 걸어볼까?' 하는 상상도 설레었다. 하루 종일 커피숍에서 힐링하다 오기, 또 어느 날은 친구들과 노래방 다녀오기 등의 보상을 걸었다. 주기적으로 배치되어있는 상과 벌의 도움으로 21일을 모두 완수했을 때, 나는 내게 자전거를 선물했다.

  기상 습관으로 안정감 있는 아침을 보낼 수 있게 되자, 내 미래를 설계하는 시간도 생겨났다. 낮에 일을 다니고 있던 나는 새벽을 이용해 미래를 대비해 공부해야겠다는 생각이 들었다. 본격적으로 '미라클 모닝'을 시작하게 된 것이다. 7시 기상 시간을 잡은 뒤로 6시 30분 기상, 6시 기상, 5시 30분 기상과 같이 30분씩 시간을 당겨 습관을 잡아나갔다. 새벽에 일어나서는 영어 공부를 하고 책을 읽었다. 책을 읽은 뒤에는 기억에 남는 문장들로 나만의 글을 쓰기도 했다.

  새벽 기상을 시작한 지 7년 차, 현재 나는 새벽 3시에 일어나고 있다. 새벽 기상 모임을 운영하며 다른 사람의 미라클 모닝을 도와주는 사람이 되었을 뿐만 아니라, 그동안 읽은 책을 통해 사람들에게 말을 하고 글을 쓰는 사람이 되었다. 나는 새벽 3시 기상을 습관화하기까지 7년이라는 시간이 걸렸지만, 회원들은 나와 함께 한 지 한두 달 만에 달성했다. 수많은 실패 속에서 방법을 바꿔가며 계속 도전한 나만의 기상 노하우와 회원들의 의지가 합쳐져 시너지를 발한 것이다.

많은 사람이 늦잠에 휩싸여 비몽사몽으로 출근길을 나서곤 한다. 나도 과거에는 매일 아침 버스를 놓치지 않으려고 뛰어다녔다. 1분 1초가 급했고, 시간에 쫓겨 살았다. 그렇게 열심히 뛰어도 항상 지각이었다. 매일 아침은 내게 바쁘고 더 자고 싶은 시간이었다. 그러나 이제는 만년 지각쟁이에서 벗어나 새벽 시간에 훨씬 더 생산적인 일들을 하고 있다. 나에게 새벽 기상의 노하우를 묻는 사람들에게 방법을 공유하니 금방 성공하는 모습을 보고 더 많은 사람의 새벽 기상 성공을 위해 이 책을 썼다. 아침마다 여유 있는 기분으로 하루를 시작해야 그날 만나는 사람들에게도 훨씬 좋은 에너지를 줄 수 있다. 이 책을 통해 많은 사람이 더욱 쉽게 새벽 기상에 성공하여 여유로운 아침을 맞이하길 바란다.

목차

1장

만년 지각쟁이에게
찾아온 새벽의 기적

1

나를 지배하던 늦잠

나는 어릴 적부터 스트레스를 받거나 우울해질 때면 그 느낌을 감당하기 힘들어 이불 속으로 파고들어 잠을 잤다. 이불을 머리끝까지 당겨 누워있으면 아무도 나를 보지 못한다. 아늑하고 포근한 이불 속은 모든 안 좋은 일들에서 나를 안전하게 감싸주었다. 그래도 좋지 않은 감정이 몰려오면 스트레스를 받기 싫어 잠을 잤다. 자고 일어난 뒤엔 불쾌한 감정의 깊이는 훨씬 얕아지곤 했다. 어릴 때부터 훈련이 되었는지 어른이 되어서도 침대에 머리가 닿으면 그대로 잠이 들었다. 자고 일어나면 스트레스는 풀려있었다. 내게 잠은 단순히 수면, 그 이상의 스트레스 해소방법이었다.

학교 다닐 때는 늦잠과 게으름 때문에 만년 지각생이었다. 하루 중에 깨어 있는 때보다 잠들어 있는 때가 더 많았다. 깨어 있을 때도 뇌는 잠을 자는지 시간 계산도 잘하지 못하는 아이였다. 아침 9시까지 학교에 가야 하면 아침 9시에 학교 갈 준비를 시작했다. 학교만이 아니었다. 친구들과의 약속에서도 마찬가지였다. 그 몹쓸 지각병은 어린 시절 내내 나를 따라다녔다.

"일찍 좀 다녀라. 뭐 하느라 매번 이렇게 늦게 오는 거야?"

"미안, 미안. 떡볶이 사줄게."

"떡볶이만? 김밥도 사!"

"알겠어, 알겠어. 김밥도 사줄게."

나의 지각은 매번 친구들의 원성으로 이어졌고, 미안한 마음에 내 지갑 속 돈은 친구들을 배불리 먹여줄 간식비로 나가곤 했다. 20대가 되고 나서도 마찬가지였다. 성인이 되어서는 회사에 다녀야 했다. 회사의 출근 시간은 학교의 등교 시간과 친구들 약속과는 차원이 달랐다. 그때도 정신을 못 차렸던 나는 회사 일보다 잠을 더 사랑했다. 알람을 여러 개 맞춰놔도 첫 알람이 울리면 비몽사몽 일어나 알람을 끄고 다시 침대 위로 쓰러졌다. 두 번째 알람부터는 아예 알람이 울리는 핸드폰의 전원을 꺼버리고는 해가 중천에 뜬 늦은 아침에 일어나 시계를 보고 좌절하곤 했다. 나중엔 염치가 없어서 회사를 가지 못했다.

그대로 퇴사 처리되는 직장도 많았다. 감사하게도 그동안 일한 돈을 주겠다고 오라고 한 곳은 어쩔 수 없이 고개를 숙인 채 "죄송합니다"를 연신 말하며 다녀왔다. 야간 일로 바꿔봐도 소용없었다. 잠을 자는 시간만 바뀔 뿐 수면시간은 똑같았다. 나는 하루가 24시간이라면 12시간을 자던 사람이었다. 그 후에도 아침 10시에 일어나 회사에 지각하고 결근하기를 밥 먹듯이 했다. 회사에서 권고사직 당해서 퇴사하기를 여러 번 반복하던 나는 30대에는 조금 더 나이가 든 어른이 되어 정신을 차렸으나 기상 시간만 조금 당겨졌을 뿐 여전히 지각을 일삼던 사원이었다. 매일 5분, 10분씩 지각을 하던 탓에 나는 신입임에도 불구하고 지각 사원으로 찍혀버렸다.

매일 아침 출근길은 나의 달리기 코스였다. 어쩌다 일찍 가게 되어도 간발의 차이로 버스를 놓치면 어김없이 또 5분, 10분씩 지각을 했다. 집에서 일찍 나와도 무엇 때문에 지각하는지 알 수 없었지만, 매일같이 지각하곤 했다. 한번은 전력을 다해 지하철 계단을 뛰어 올라온 내게 버스 정류장에 서 있는 버스가 보였다. 초록색의 코팅지가 입혀진 6516번 버스. 회사에 가기 위해서 절대 놓쳐선 안 되는 버스였다. 나는 버스를 보는 순간 달리기 선수마냥 빠르게 뛰기 시작했다. 카드리더기에 바로 카드를 찍기 위해 손에는 지갑을 꼭 들고 뛰었다. 버스에 타는 사람들의 줄이 점점 짧아질수록 모두 타고 버스가 출발할까 봐 마음이 급했다.

"앗!"

그 순간 누군가와 부딪혔다. 손에 들고 있던 지갑은 땅에 떨어지고 똑딱이 단추로 잠그는 지갑 속에서 칸칸이 끼워져있던 카드들이 우르르 쏟아져 땅바닥에 흩어졌다.

"죄송합니다!"

나와 부딪혔던 팔이 아팠는지 다른 팔로 부딪힌 팔을 감싸 쥐던 청년은 나의 다급한 사과에 길바닥에 떨어진 카드들을 함께 줍기 시작했다. 그런데 정신없이 지갑과 카드를 주우며 앞을 보니 버스는 이미 출발해서 왼쪽으로 한 차선을 넘어 달리고 있었다. 버스 정류장에서 떠나가는 버스를 바라보며 나는 작은 한숨을 내뱉었다.

'하… 저 버스 타야 하는데…. 또 지각하겠네….'

매일 아침 다짐했건만, 또 지각하고 말았다. 오늘도 버스를
놓치는 바람에 10분을 지각했다. 1분이 늦어 버스를 놓쳐도 다
음 버스를 기다리는 시간 때문에 10분이 늦는다. 출근 시간엔
택시도 잡히지 않는다. 만약 택시를 타고 가더라도 버스는 버스
전용차로가 있어 차라리 다음 버스를 기다리는 것이 훨씬 더 빠
르다. 오전 9시를 넘기면 회사의 사무실은 새벽만큼이나 고요
해진다. 그 큰 평수의 사무실 안에는 간간이 들리는 키보드 자
판 두드리는 소리와 마우스 버튼 딸깍거리는 소리, 서류 종이
넘기는 소리만 들린다. 학교 지각은 지각도 아니었다. 회사 지
각은 훨씬 더 나를 작아지게 만든다.

'딸깍.' 사무실의 현관문이 열리고 소장님, 부장님, 주임님이
모두 문을 향해 고개를 든다. 입사한 지 한 달도 안 된 나는 이
순간이 가장 부끄럽다. 내가 무대의 주인공도 아닌데 가장 늦게
도착해 직장 상사들의 시선을 한 몸에 받는다. 차라리 투명 인
간이 되어 아무도 모르게 살금살금 움직여 내 자리에 가서 앉고

싶은 순간이다.

 "늦어서 죄송합니다."
 "이경진 씨, 빨리빨리 좀 다니지 그래."
 "네, 죄송합니다…."

 이럴 땐 핑계라도 있으면 좋겠다. 하지만 거짓말은 못하는 성격이라서 그냥 고개를 숙인 채 자리에 앉았다. 매일 지각하는 사원인지라, 거짓 핑계를 둘러대도 사람들은 믿지도 않겠지만 말이다. 기어들어가는 목소리로 대답하고 자리에 앉아 책상에 놓인 탁상 거울을 보았다. 거울 속엔 한심해 하는 표정의 내가 나를 보고 있었다. '내일은 진짜 빨리 나와야지….' 어제도 그랬듯이, 오늘도 나는 거울 속의 나를 보고 난 뒤 두 눈을 꼭 감으며, 아침에 꼭 일찍 나오겠다고 다시 한번 다짐을 했다.

2

지각 대장 신입사원의 험난한 출근길

다음 날에도 나는 여전했다. 알람을 <u>끄</u>고 조금만 더 누워있는다는 게 깜빡 잠이 들었다. 번쩍 눈을 떠 시계를 보니 나가야 하는 시간이다.

"아! 망했다!"

부랴부랴 옷장에서 옷을 꺼내 갈아입은 뒤 싱크대의 물을 틀어 손을 적시고 대충 얼굴을 닦았다. 가방을 메고 신발을 신는 둥 마는 둥 현관을 뛰쳐나갔다. 서두를 때는 무언가를 꼭 한 개씩 빠트리고 나온다. 내 물건 중에 핸드폰을 빠트리는 것은 문제가 되지 않는다. 그날 하루 핸드폰 없이 살면 어떠랴. 지각만

안 하면 된다. 그러나 지갑이 없으면 회사로 가는 버스를 탈 수 없다. 버스 정류장으로 뛰어가면서 가방에 손을 넣어 뒤적였다. 불안감이 들었다. 역시나 예감은 맞았다.

'없다! 지갑이 없다!'

가던 길을 되돌아 집으로 뛰어가면서 과연 내 지갑이 어디 있을지 상상했다. 어제의 시간을 거슬러 올라가 기억을 더듬어 머릿속에서 미리 찾아봤다. 집에 돌아온 뒤 황급히 문을 열어 방 안에 들어가 보니 내가 기억하고 있던 화장대 위에는 지갑이 없다. TV 근처에도 없고 책상 위에도 없다. 이 방 저 방을 보다가 내가 개지 못하고 나간 이불을 확 들춰보았다. 나의 순간적인 힘에 놀라 하늘을 나는듯한 커다란 이불 속에서 무언가가 툭 하고 떨어졌다.

'어휴 정말. 나는 왜 지갑을 가방 안에 넣어두지 않고 아무 데나 둔 거지? 도대체 정리 정돈의 능력은 어느 시장에 가야 살 수 있는 거야!'

이미 늦었다. 그 순간 회사에 가기 싫어졌다. 나에게 화가 나고 짜증도 났다. 10분 늦게 퇴근하는 것은 크게 문제가 되지 않는데 10분 늦게 출근하는 것은 심적으로 굉장히 힘들다. 그런데 오늘은 대략 어림잡아보니 20분 정도 지각하게 될 것 같다. 그 20분이 마치 두 시간 같이 느껴졌다. 출근길을 뛰어가며 1~2분이라도 단축해보려고 했지만 역부족이었다. 결국, 그날도 나는 고개를 조아리며 회사 문을 열 수밖에 없었다.

언젠가 하루는 지각을 안 할 수 있는 날이 있었다. 시간에 맞춰 탄 버스 안에서 기분 좋게 가고 있는데 웬걸. 내가 타고 있던 버스가 차창 밖의 옆 버스보다 아주 천천히 움직이는 것이 아닌가.

"아저씨 이차 왜 이렇게 천천히 가요?"

"이 차가 앞차보다 빨리 가고 있어서 배차시간 맞추느라 천천히 가고 있어요."

"앗! 아저씨 저 출근 늦는데요!"

"어쩔 수 없어요. 죄송합니다."

그 바쁜 출근 시간에 배차시간 조정이 웬 말인가. 나는 느릿느릿 거북이 운행을 하는 버스 안에서 발을 동동 구를 수밖에 없었다. 버스 안엔 나와 같이 출근하는 사람들 모두 자신의 손목시계를 보며 짜증을 냈다. 결국, 나는 그날도 늦었다. 버스 배차시간 때문이라는 이유는 매일 지각하는 나에겐 소용없는 변명이었다. 지금 생각해도 그날은 신이 내게 장난친 것 같다.

출근 시간은 항상 내가 얼마만큼 빨리 달릴 수 있는지 시험해 보는 길이었다. 광고나 드라마에서 보는 눈부신 파란 하늘과 상쾌한 아침은 텔레비전 속 비현실적인 일이었다. 내게 아침은 항상 시간을 다투며 뛰고 쫓기는 데 급급한 시간이었다. 직장 상사들이 뭐라 하지 않아도 스스로 지각하지 않아야 한다는 것은 충분히 알고 있기에 지각을 반복하는 내가 한심하게 느껴졌다. 매번 다짐해도 다음 날 아침은 잠과의 사투를 벌인 뒤 같은 행동의 반복이었다. 회사 일을 잘하고 못하고를 떠나 지각하지 않는 것과 무단결근하지 않는 것은 기본 중의 기본이지 않은가. 세 살 버릇 여든까지 간다는 속담처럼 잠으로 인한 지각병은 초등학교에 다닐 때나 어른이 되어 회사 다닐 때까지 끈질기게도 나를 괴롭히고 있었다.

물론, 지각 부담에서 벗어나 잠을 실컷 잘 수 있는 날도 있었다. 회사를 안 가는 주말은 내가 작정하고 자는 날이다. 휴일엔 일찍 일어나지 않아도 된다는 사실은 왠지 모르게 보상심리가 느껴져 늘어지게 잤다. 자다가 깨더라도 다시 눈을 감으면 스르르 잠에 빠져들었다. 사람이 잠을 자면 소화 능력도 최소한으로 움직이기 때문에 밥을 먹지 않아도 배가 안 고팠다. 잠을 자는 내게 밥 먹으라고 하는 사람도 없었던지라 쉬는 날은 마음껏 잠을 자고 오후 한 두시쯤에 일어났다. 이불 속에 누워 TV를 보다 보면 어느새 저녁이 되어 있었고 그때서야 황금 같은 휴일 하루가 잠으로 다 지나갔다는 생각이 들었다.

일주일 중 휴일 하루를 통잠으로 채웠다고 해서 다음 평일 동안의 잠이 없어지는 것은 아니었다. 지난 일주일이 그랬듯이 다시 또 무한 반복으로 아침잠과 싸우고 출근길을 뛰어다니는 날들의 연속이었다. 그때쯤부터 '난 왜 이렇게 시간개념이 없지?', '왜 계속 시간에 휘둘리며 사는 거야!' 하며 지각하는 나의 생활에 대해 점점 짜증이 나기 시작했다.

어릴 땐 늦잠 때문에 초능력을 꿈꾸기도 했다. 문을 열고 들어가면 내가 원하는 곳으로 순간 이동할 수 있는 이동식 문을 가지고 싶었다. '아무것도 없다가 갑자기 사람이 나타나면 그곳에 있던 사람들이 깜짝 놀라겠지? 그렇다면 어디로 연결이 되어야 할까? 그 건물의 화장실 안으로 연결되어야 하나? 투명 인간이 될 수 있는 능력도 같이 있으면 더 좋겠다!' 등 꽤 구체적으로 상상하며 이동식 문에 대한 그림을 그리곤 했다. 하지만 그런 초능력은 상상일 뿐 늦잠으로 지각과 결근, 퇴사를 반복하며 여러 회사를 전전한 뒤에도 여전히 늦잠은 고치지 못했다. 출근뿐만이 아니었다. 누군가와 약속을 하면 약속 장소에 늦는 것도 여전했다. 시간 관리는 내 인생에서 내가 꼭 해결해야 할 숙제였으며, 잠은 내가 넘어야 할 큰 산이었다.

엄마의 늦잠은 아이도 고생시킨다

파란만장했던 회사생활은 둘째 아이가 태어나면서 그만두게 되었다. 이후 육아에 전념하며 주부의 생활을 시작했다. 시시때때로 울어대는 갓난쟁이 둘째는 내 시간도 이리저리 뒤흔들어 놓았다. 아기가 잘 때 나도 같이 자야 했고 아기가 깨어 있을 때 나도 깨어 있어야 했다. 둘째 아이는 한번 울기 시작하면 울음의 시작부터 자지러지게 우는 아이였다. 덕분에 나의 신경도 예민해질 뿐만 아니라 어린이집을 다니고 있던 5살 큰아이의 양육에도 문제가 생기기 시작했다.

일정한 루틴 속에서 안정감을 느끼던 나는 내가 통제하지 못하는 순간들과 부딪히면서 삶의 주도권도 흔들리기 시작했다.

언제 갑자기 울어댈지 모르는 둘째 아이의 양육에 내 마음은 항상 조급했고 시한폭탄이었다. 다섯 살이던 큰아이의 양말을 매일 신겨주다가 어느 날은 갑자기 짜증이 솟구쳐 올랐다. "이제 이런 것쯤은 네가 알아서 해도 되잖아!"라며 화를 냈다. 아이는 그런 엄마를 보며 멍해졌다. 그때를 다시 생각하니 딸아이 마음은 갑자기 갈 곳을 잃은 듯이 떠다녔을 것 같다. 아이가 자라 초등학교에 다닐 때도 잠은 여전히 나를 지배했다.

"엄마 배고파."

"응…. 지금 몇 시야?"

"8시."

"헉 늦겠다. 얼른 밥 먹고 학교 갈 준비하자!"

주섬주섬 일어나 아이들 밥을 차려주고 큰아이의 머리를 묶어주었다. 애써 차려준 아침밥은 관심 밖이고, 거실을 어지르는 둘째의 외출준비까지 하려면 아침은 늘 바빴다. 학교에 가야 하는 아이는 늦게 일어나는 엄마로 인해 아침밥을 급하게 먹고 갈 때가 많았고, 아이의 등교 준비는 언제나 정신없이 이루어졌다. 때로는 신발 주머니를 빼먹기도 하고 점심에 마실 물을 넣어 보내지도 못했다. 아이의 등굣길이나 초등학교 정문에서 그 사실을 알게 될 때마다 나는 집에 돌아가서 다시 챙겨와 전해주었다. 다른 엄마들처럼 야무진 엄마가 아니라 늘 허둥대는 엄마라는 생각에 딸 아이에게 미안했다.

또 어느 날은 여느 때와 마찬가지로 아이의 등교 준비를 재촉하다가 늦장을 부리는 아이를 보고 마음이 급해졌다. 나도 모르게 목소리가 올라가고 아이를 다그쳤지만, 아이는 더더욱 행동이 느려졌다. 아이에게 소리를 치려는 찰나, 내 아이의 얼어붙은 눈빛을 봤다. '아! 아이가 학교에 지각하는 것은 아이 잘못이 아니라 내 잘못이다! 나부터 바뀌어야겠다!' 그때 서야 나는 아이를 품에 끌어안고 더 좋은 엄마가 되어주지 못해서 미안하다고 사과했다. 이미 등교 시간은 훌쩍 지나 있었지만, 나는 더 이상 아이를 재촉하지 않았다. 그 당시 내 아이에게 학교에 지각하지 않는 습관보다 더 필요한 것은 엄마의 존재였다.

다른 엄마들처럼 웃으면서 아이에게 손 흔들어주는 여유 있는 엄마가 되고 싶었다. 4살이었던 작은아이를 유모차에 태운 채 책가방을 멘 8살 큰아이와 함께 길을 뜀박질하는 등굣길이 아닌 오순도순 여유롭게 이야기 나누며 걷는 등굣길이 되면 좋겠다고 생각했다. 요리도, 살림도 어느 것 하나 똑 부러지게 잘

하는 것 없는 내 모습이 스스로에게도 못나고 한심한 엄마의 모습처럼 느껴졌다. 아이의 학교 지각은 8살 아이 잘못이라기보다 나의 늦잠 때문이었다. 나를 망치던 늦잠은 이제 아이의 학교생활까지 망치고 있었다.

그러던 중 습관을 고치는 동영상을 보게 되었다. '세상에….'라는 생각이 저절로 들었다. 한 아가씨의 방은 엄청나게 많은 물건이 뒤섞여 쌓여있었다. 또 다른 두 사람은 길거리에 있는 담배꽁초를 주워 피고 싶은 생각마저 든다며 흡연으로 인한 고충을 토로했다. 지각을 자주 하는 아가씨도 있었다. 약속한 시간은 이미 한 시간이 넘었지만, 그때서야 집에서 나오는 것이었다. 영상엔 총 6명의 참가자가 나오는데, 한 시간가량의 영상이 끝날 때쯤엔 모든 참가자가 우여곡절 끝에 습관을 고치는 데 성공했다. 성공의 비밀은 체크리스트와 적당한 기간에서의 상벌제도였다.

그 영상을 보니 왠지 자신감이 들었다. 영상 속 사람들은 모두 나보다 훨씬 심각한 지경의 나쁜 습관들을 소유한 사람들이었다. 충분히 할 수 있겠다는 생각이 들었다. 나는 약속 시간에 집에서 출발하기는 했어도 한 시간이 지나도록 집에 있던 적은 없었다. 당장 영상에서 본 체크리스트를 만들었다. 줄 쳐진 노트 한 장을 북 찢어 30cm 자를 대고 볼펜으로 줄을 쭉쭉 그어 나갔다. 사람의 몸에 습관이 든다는 21일의 네모 칸을 만들고, 거실 벽에 붙였다.

'그래, 나도 내일부터 도전해보자!'

거실에 붙인 체크리스트의 표가 왠지 믿음직스러웠다. 이 표가 매일 아침 나와 내 아이들을 힘들게 하던 지긋지긋한 아침잠을 없애줄 수 있다고 생각했다. 하나의 행동을 반복적으로 21일간만 지속한다면 그 행동은 나도 모르게 무의식적으로 행해진다고 했다. 그렇게 습관이 되는 것이다. 영상에서 말하는 습관은 양치질하는 법에 비유가 되었다. 앞니, 왼쪽 아래 어금니, 왼쪽 위 어금니, 오른쪽 아래 어금니, 오른쪽 위 어금니…. 어릴 적에는 하나하나 생각해가며 닦았었지만 익숙해진 뒤에는 '어금니 다음엔 앞니를 닦아야지'라고 생각하지 않고 '양치질해야지' 하고 한번에 닦는다.

습관이 되지 않은 행동은 100%의 의식을 통해 이루어졌다면, 습관이 된 행동은 20%의 의지력만으로도 익숙하게 이뤄진다. 영상 속 참가자 6명 모두 나쁜 습관을 고치는 데 성공했다. 방 정리를 못 하는 아가씨부터 담배를 물고 살던 지독한 애연가까지 모두 성공했다. 그렇게나 심각한 습관을 소유해도 모두 끊어내고 자신에 대한 믿음을 가지게 된 모습을 보고 나는 용기를 얻었다.

습관을 통해 삶의 주인이 되기로 마음먹다

아침 늦잠이라는 나쁜 습관을 고치기 위해 21일 표를 만들어 다음 날부터 시행했다. 저녁 9시 아이들을 재우며 나도 같이 잤다. 아이들은 누워서도 재잘재잘 수다가 많았지만 "얼른 자자" 엄마의 단호한 목소리에 얼른 입을 다물고 눈을 감았다. 아이들은 움찔움찔 좀이 쑤신 듯 눈을 감은 채로 움직였지만, 어느새 잠잠해졌다.

"띠링 띠링 띠리링~"

알람 소리에 눈이 떠졌다. 핸드폰 알람을 끄고 시간을 보니 오전 7시였다. 8시에 일어나던 내가 7시에 일어나겠다는 굳은 의지로 눈을 떴다. 그 지독한 담배를 끊어낸 영상을 보고 난 후라서 그런지 나도 할 수 있다는 자신감으로 일어났다. 어제 만들어놓고 벽에 붙여 놓은 3주짜리 표 첫 번째 칸에 동그라미를 쳤다. 동그라미를 치는 펜의 끝에 힘을 주었다. 마치 나의 잠의 인생에 종지부를 찍는 것 같았다.

'그다음엔 뭘 하지?' 일찍 일어났으니 뭔가를 해야 한다. 주위를 둘러보니 집이 엉망이다. 아침잠이 많으면 저녁잠은 없어야 할 텐데 나는 저녁잠도 많은 사람이었다. 자기 전 치워놓지 못한 물건들은 마치 집의 주인인 양 여기저기 굴러다니고 있었다. 바로 집 청소를 시작했다. 아무리 아이들이 있는 집이라고 해도 이 거실의 모습이 이제까지 되는대로 살아온 내 모습인 것 같았다.

여기저기 뒹굴고 있는 물건들을 하나하나 집어 정리하다가 빗자루를 들고 거실 끝에서부터 어질러진 물건들을 쓸어나갔다. 아이의 책, 인형, 여기저기 굴러다니는 색연필을 모아놓고 보니 한 무더기였다. 책은 책장에 꽂고 인형들은 하나씩 집어 들고 먼지를 털어낸 뒤, 장난감 통에 넣었다. 색색의 볼펜과 연필들은 연필꽂이에 꽂아 정리했다. 깨끗해진 거실 바닥이 개운했다. 5평 남짓의 환해진 거실을 보니 내 삶도 앞으로는 이렇게 정리될 것 같은 느낌이 들었다.

거실 청소 후에는 주방으로 들어가서 싱크대에 쌓아둔 설거지를 한바탕했다. 청소하다 보니 한 시간이 훌쩍 지나갔다. 집이 깨끗해지니 내 마음도 저절로 상쾌해졌다. 평상시의 아침과는 정말 다른 풍경이다. 아침 한 시간이 이렇게나 많은 일을 하게 될 줄은 미처 몰랐다. 엉망진창이던 거실을 뒤로하고 아이를 등교시켰던 때와 달리, 오늘은 깨끗해진 거실을 뒤로한 채 집을 나섰다.

아이를 등교시킨 뒤 집에 돌아왔다. 현관문을 여니 남쪽으로 난 통창에서 들어온 햇살이 깨끗해진 거실 바닥에 한가득 모여 있었다. 내 집이 그 어느 때보다 훨씬 더 안락해 보였다. 깨끗한 집에서 커피 한 잔의 여유를 갖기 위해 식탁 의자에 앉았다. 거실 벽에 붙여 놓은 체크리스트가 내 눈에 선명하게 들어왔다. 허둥지둥 바쁘던 어제와 여유 있는 오늘의 아침 변화를 비교하니 내일도 7시 기상에 꼭 성공해야겠다고 다시 한번 다짐했다.

"띠링 띠링 띠리링~"

다음 날 오전 7시 알람이 울렸다. 얼른 일어나 알람을 _끄고_

창문을 열었다. 시원한 아침 공기가 상쾌한 순간이다. 나는 전날과 마찬가지로 거실 이곳저곳에 늘어져 있는 물건들을 정리하고 청소기를 돌린 뒤 깨끗해진 거실을 보며 혼자 뿌듯해했다. 다음 날도 7시 기상은 여유 있게 성공해 깨끗해진 거실을 뒤로하고 밝은 얼굴로 집을 나섰다. 하지만 그다음 날은 알람을 끄고 다시 잤다. 작심삼일이라고 했던가. 여지없이 3일을 넘기지 못했다. "시작은 미약하지만 끝은 창대하리라"라는 말은 다른 사람에게만 적용되는 말이다. 이제까지 내게는 무엇이든 "시작은 창대하지만 끝은 미약하리라"라는 말로 바뀌었다.

앞 날짜에 표시한 두 개의 동그라미가 무색하게도 그다음은 엑스 표가 그어졌다. 표를 보며 잠깐 좌절감을 느꼈다. '그럼 그렇지.' 하지만 나는 곧바로 도전 첫날의 기쁨을 다시 떠올렸다. 그리고 유튜브에서 습관에 관한 영상을 다시 찾아보기 시작했다. 식욕, 성욕, 수면욕은 사람의 생존과 연결되기 때문에 가장 고치기 어려운 습관이라고 한다. 나는 사람의 생존 3대 본능인 수면욕 줄이기에 도전하고 있던 것이다.

최근 유튜브 영상을 통해서 '티핑 포인트'라는 단어를 알게 되었다. 새로운 일을 시작할 때 변하지 않는 듯한 지루한 기간이 지난 뒤 주변에 파급력을 주며 성장의 곡선이 생기는 지점을 이야기한다. 기존의 내 생활에 작은 변화를 끼워 넣고 계속된 반복으로 변화를 쌓아가다 보면 어느새 그 주변의 다른 변화가 일어나 연쇄적으로 파급효과가 생기게 된다는 것이다. 운동을 다닌다고 하면 일단 헬스장에 가서 기초운동을 한다. 아주 작은 근육량으로도 할 수 있는 운동을 계속하다 보면 어느새 근육이 커진다. 같은 운동을 해도 힘이 덜 들게 된다. 본인이 변화를 감지하니 힘들기만 하던 운동이 재밌어진다. 이때가 운동의 티핑 포인트라고 할 수 있다. 기구를 쓰지 않던 가벼운 운동에서 철판을 밀어 올리는 레그프레스나 역기 같은 기구를 쓰는 운동으로 바뀌게 되고 근육은 더 빠른 속도로 커진다. 식단조절도 쉬워지고, 엘리베이터 대신 계단을 오르내리는 등 생활 속에서도 운동을 찾아 하고 체질도 바뀌게 된다.

 습관을 들이는 처음에는 결과도 크게 보이지 않으니 지루하고 재미도 없을 수밖에 없다. 하지만 운동 초반의 지루한 기초운동과 같은 기간이 지나면 습관도 티핑 포인트를 맞게 된다. 처음부터 잘 되는 것은 없다. 인생의 모든 것은 연습과 진화의 반복이다. 다른 습관과 마찬가지로 기상 습관도 점점 더 쉬워지고 익숙해지고, 어느새 알람이 없이도 눈이 저절로 떠지는 때가 오게 된다. 그렇게 나 역시 다시 마음을 다잡고 새벽 기상을 시도해 나갔다.

5

작심삼일이라는 말속에 숨은 비밀

　3일은 새로운 경험이 변화로 인식이 되는 첫 기간이다. 사람은 첫날과 이틀째까지는 평상시와 다른 낯선 경험에 재미를 느낀다. 하지만 3일째에도 같은 행동이 반복되게 되면 뇌에서 그때야 허둥지둥 내 몸의 변화를 원래의 상태로 되돌리려는 의지력 싸움이 시작된다. 생각과 본능의 싸움은 3일째가 가장 치열하게 벌어진다. 작심삼일이라는 말처럼 많은 사람들이 하루 이틀 힘을 내며 불타오르고 3일째부터 슬그머니 앉게 되는 이유다. 3일, 7일, 14일, 21일. 습관이 내 몸에서 저항감이 크게 일어나는 기간이다. 나는 이 기간의 법칙을 알게 되고 '작심삼일'의 뜻을 다르게 해석하기 시작했다.

'3일째가 내 몸에 익숙해지는 첫 기간이라고? 그렇다면 내게 좋은 습관은 무조건 3일을 넘기고 4일까지 하면 익숙해지겠네? 작심삼일이 안 좋은 말인 줄 알았는데 아주 좋은 말이었잖아?'

과거에는 어떤 일을 할 때 싫증을 잘 내고 금방 다시 되는대로 살았다. 그랬던 내가 드디어 작심삼일의 숨겨진 뜻을 알게 되었다. 나는 이러한 습관 형성의 법칙을 알게 된 것이 마치 인생의 비밀을 알게 된 듯했다. 어떤 일에 습관이 들었다고 느끼는 때는 지속하다가 안 하면 뭔가 빠진 것 같은 기분이 들 때라고 한다. 하나의 습관을 들이기 위해선 일정 기간마다 골인 지점을 만들어야 한다. 그래야 지치지 않고 계속할 수 있다. 그 기간이 3일, 7일, 14일, 21일인 것이다. 그 이후 무엇이든지 좋은 것은 4일을 넘기고, 안 좋은 것은 2일까지만 해야겠다고 다짐했다.

'무언가를 100일 동안 하면 그것이 나의 무기가 된다'라는 말이 있다. 그 '100일의 무기'를 10년 동안 하면 전문가가 되고, 20년을 하면 달인이 되며, 30년을 하면 그것과 나는 하나가 된다. 30년의 시작은 10년이고, 10년의 시작은 100일이며, 100일의 시작은 3일이다.

지난 실패들이 주마등같이 지나갔다. 무수히 많은 수업을 야심 차게 등록하고서는 어느새 슬그머니 접은 기억, 시험 기간엔 놀다가 시험 전날 벼락치기 했던 날들, 가계부와 다이어리는 늘 앞부분만 적고 여백으로 살았던 날도 생각이 났다. 나는 3일을 코앞에 두고 늘 고배를 마시고 그 이후는 나는 뭘 해도 안 되는 사람이라고 생각하며 체념하고 살았다.

습관이 되는 원리를 알게 되었으니 다시 도전해 보기로 했다. 나는 나를 안다. 보통 사람들보다 더 의지력이 약한 나는 작심삼일형보다 더한 작심일일형이다. 작심일일형에서 벗어나기 위해 알람이 울리면 일단 알람을 끄고 나의 구석구석에 있는 의지력을 최대한으로 끌어올려서 이불 속에서 일어나기를 시도했다. 다음 날 아침, 굳은 결심으로 새롭게 일어나는 데 성공했다. 다시 첫날의 마음을 가지고 알람을 껐다. 나는 이불 속에 있고 싶다는 강력한 저항감을 밀어내며 거실로 걸어나가 식탁에 앉았다. 거실 벽에 붙여 놓은 체크리스트 표의 4일째에 동그라미를 그렸다.

잠에서 깨어 '무엇을 할까' 고민하던 중 핸드폰을 들어 유튜브에 '동기부여 영상'을 검색했다. 글자만으로 내 뼈를 때리는 강력한 문장의 섬네일이 여러 개가 있었다. '바뀌지 않으면 이 또한 지나가지 않는다', '게으르면서 자유를 바란다? 불가능합니다', '그건 핑계입니다', '제발 정신 차려' 등 꽤 자극을 주는 문구였다. 그중 가장 호기심이 가는 문구의 영상을 선택했다. 유튜브 채널 '글 토크'의 영상이었다. 이어서 들리는 소리와 함께 화면에 자막이 보였다.

"남을 그만 탓하라. 환경을 들먹거리는 것도 그만둬라. 다시 한번 말하지만 절대 '남 탓하기 게임'을 그만둬라. 심지어 자신을 탓하는 것도 아무짝에도 쓸모없는 것이다. 문장 끝에 '그렇지만'을 붙일 때마다 자신은 '희생자'로 둔갑한다….."

영상을 보며 "그래 맞아!" 하며 강력한 동기부여를 받았다. 영상 속 문장들은 한 문장 한 문장이 이제껏 나태하게 살고 있던 나를 그대로 적나라하게 보여줬다. 남 탓을 했고 내 의지력을 탓했다. 나이를 탓했고, 환경을 탓했다. 하지만 나보다 더 나이가 많은 사람도, 나보다 더 악조건인 환경에 있는 사람들도 도전하고 결국엔 해냈다. 나도 할 수 있겠다고 동기부여를 강하게 준 담배 끊은 청년 생각이 다시 들었다. 아침에 일어나서 동기부여 영상 속 문장들로 하루를 시작하니 그날따라 나의 뇌는 흠씬 두들겨 맞은 듯 군기가 바짝 들었다.

  그날 이후 나의 첫 기상 습관 루틴이 하나 생겼다. 일어나자
마자 동기부여가 되는 영상을 시청하는 것이다. 그렇게 새벽에
일어나서 해야 할 일이 하나 생기게 되었다. 누가 정해준 일이
아닌 내가 생각해서 정한 일이다. 그 생각 하나와 내가 정한 그
작은 루틴 하나가 내 인생을 주도적으로 잡아가게 된 출발의 행
동이다. 그날이 나의 새벽 기상의 시작점이 되었다.

6

밤 문화에서 새벽 문화를 살다

새벽 기상을 하려면 많은 것들을 포기해야 한다. 친구들과 함께 하는 술 약속이나 각종 회식 등 모두 포기하고 집에 일찍 가야 하고, 일찍 자야 한다. 많은 사람과 함께 어울리며 친목을 쌓는 시간은 재미있고 즐겁다. 밤 문화는 흥이 있다. 도시의 불빛은 번쩍거리며, 주말의 밤거리는 불야성을 이룬다. 친구들 혹은 직장 동료들과 함께 길을 걸으면서 목청껏 크게 웃으며 이야기하는 그 광경 자체로는 꽤 즐거워 보인다. 물론 어쩌다 한 번씩 겪게 되는 지나친 과음의 후폭풍은 있기는 하지만 말이다.

요즘 저녁 회식보다 조찬 모임이 많이 늘었다고 한다. 저녁의 술자리 대접 대신 아침 식사를 함께하는 자리다. 이성적인 회담 내용에 경비도 적게 들고, 거래처에 좋은 인상을 심어줄 수 있다는 장점이 있다. 이와 같은 여러 가지 이유로 거래처 사이에 저녁 회식보다 조찬 모임을 좋아하는 사람들이 늘고 있다.

나는 결혼 전, 회사 다닐 때 잦은 술 문화로 인한 회사 지각과 불성실한 업무태도의 악순환 고리를 끌어안고 살던 사람이었다. 술을 잘 마시지도 못하면서 건배하는 잔마다 다 마셔야 하는 줄 알았다. 그렇게 한참 마시다 보면 겨우겨우 집에 갔다. 술자리는 흥겨웠지만, 다음 날의 숙취는 괴로웠다. 어느 날은 아침에 눈을 뜨니 천장이 빙글빙글 돌았다. 술을 마신 다음 날은 속만 쓰렸는데, 그날은 어쩐 일인지 누워있어도 어지러웠다. 머리가 아파서 걷지도 못했다. 결국, 그날은 회사를 결근할 수밖에 없었다. 또 술을 마시다 보면 마실 때는 즐거워도 다음 날 술자리에서의 실수들이 하나둘씩 기억이 나게 되면서 참 곤혹스러울 때가 있다. 상대방은 내 실수를 웃으며 넘겨주어도 나는 회사 의자에 앉아서 죄송한 마음에 종일 좌불안석일 때도 많이 있었다.

결혼하기 전 아가씨 때는 밤늦게까지 술과 함께 살았다. 그 당시의 새벽이란 술자리가 끝난 후 집에 돌아가는 시간이었다.

항상 술에 취한 채로 새벽 시간을 맞이했다. 택시비가 없을 때는 근처 피시방에 들어갔다. 그곳에서 지하철 첫차가 오는 시간까지 기다리다가 집에 돌아갔다. 내게 밤 문화는 일상과도 같았다. 그러나 새벽 기상을 통해 여유를 알게 된 이후 밤 문화는 과감하게 포기했다. 일찍 일어난다는 것은 아침에 허둥대며 집을 나서지 않는다는 장점이 있다. 조금의 여유가 더 있다면, 5분이라도 책을 읽고 나간다면, 훨씬 좋은 아침이 될 것이다.

사람들의 아침은 굉장히 바쁘다. 출근 시간에 타야 할 버스나 지하철을 놓쳐본 사람들은 5분이 얼마나 절실한지 모두 공감한다. '집에서 5분만 일찍 나와도 지각은 면할 수 있었을 텐데…' 탄식해도 여전히 다음 날도 분주하게 뛰어다닌다. 차라리 이렇게 해보자. 한 시간 더 일찍 일어나고 집에서 한 시간 더 일찍 출근하는 것이다. 일단 혼잡한 러시아워의 경험은 겪지 않게 된다. 지각으로 인한 스트레스와 지각 사원에게 내려지는 상사의 안 좋은 평가도 사라지게 된다. 만약 새벽에 버스를 탔다면, 버스 기사님께 활기찬 인사를 해보자. 나에게도 기사님에게도, 혹은 함께 탄 승객에게도 좋은 아침을 열어주는 모닝 인사가 될 것이다. 조금은 어색하더라도 계속하면 곧 익숙해진다. 그리고 그게 바로 복을 짓는 일이다. 새벽에 일찍 일어나 대중교통 대신 자전거로 출퇴근하는 사람들도 많은데, 교통비 절감과 운동이라는 보너스도 함께 얻을 수 있다.

"한 시간 더 일찍 회사에 가라고? 차라리 한 시간 더 잠을 자는 게 낫겠다"라고 말하는 사람도 분명히 있을 것이다. 그러나 한 시간 더 일찍 회사에 가더라도 그 시간에 회사 일을 하라는 말이 아니다. 집에서 미라클 모닝 루틴을 실천하는 것처럼 회사에서 내 미라클 모닝 루틴을 실천하면 된다. 어쩌다 직장 상사가 일찍 와서 그에게 성실하다는 인상을 주게 되면 그 또한 아주 좋은 보너스가 아닌가.

밤 문화를 즐기는 사람도 많지만, 새벽 문화를 즐기는 사람도 정말 많다. 단체 채팅방과 화상회의 프로그램을 이용해 함께 새벽 독서를 하는 사람들, 새벽 운동을 하는 사람들, 매일 아침 같은 시각에 실시간으로 유튜브 방송을 진행하며 좋은 말씀을 전하는 분도 있다. 이외에도 여러 미라클 모닝 커뮤니티에 들어가 보면 새벽 시간을 이용해서 각자 실천했던 루틴이나 공부 등을 인증하는 사진들이 매일 실시간으로 올라오고 있다.

새벽 3시에 모닝 인사를 남기는 사람들도 있었다. '도대체 이

분들은 무슨 일을 하는 사람들이기에 이렇게 이른 시간에 일어날까?' 하는 생각이 절로 든다. 나는 새벽 4시도 겨우 일어나는데, 어디 가서 뭘 사 먹었기에 그 시간에 일어나는지, 그 시간에 일어나서 무엇을 하는지, 점점 궁금해졌다. 함께 있으면 닮아간다는 말이 있지 않은가. 어느덧 내게 새벽 3시는 도전해 보고 싶은 기상 시간이 되었고, 결국 해냈다. 나중에는 별 무리 없이 3시에 일어나게 되었고, 여러 커뮤니티에 3시 기상 인사를 남기게 되었을 뿐만 아니라 다른 이들에게 일찍 일어나는 법을 알려주는 사람이 되어 있었다.

새벽 기상을 어떻게 하는지 물어보는 사람들에게 해줄 수 있는 말은 "일찍 주무세요"이다. 처음부터 밤을 포기하지 않고, 새벽을 얻는다는 것은 욕심이다. 새벽 시간이 익숙해진 다음에는 밤에 늦게 자도 크게 무리 없이 일어날 수 있지만, 습관을 들이는 처음에는 밤과 새벽 중 어느 시간은 포기해야 한다. 나는 새벽에 깨어 있기로 했다. 하루는 인생의 축소판이다. 더는 내 하루의 시작인 아침을 비몽사몽으로 일어나 허둥대지 않고, 활기차게 맞이하고 싶었다. 그래서 나는 밤 문화 대신 새벽 문화를 살기로 했다.

매직 아워

이경진

하늘이 어스름히 파랗게 보이기 시작한다.
개와 늑대의 시간이다.

곧이어 동쪽 산등성이에서 떠오르는 해가
세상을 깨우기 시작한다.

산의 나무와 풀잎들이 빛을 받아 기지개를 켜고
높은 건물들이 해의 황금빛으로
잠시 동안 제 몸을 함께 빛낸다.

밤하늘의 별들은 저 혼자 빛을 낼 수 없듯이
이 세상의 건물들도 마찬가지인 듯하다.

해가 누운 듯이 옆으로 빛을 퍼트릴 때
그 잠깐의 시간은 세상도 함께 황금빛이 된다.

해가 세상에 떠오른 직후와

세상을 떠나기 직전의 시간은

하루에 두 번,

일출과 일몰의

매직 아워 시간이다.

일몰 시각은 '축제'라고 한다면,

일출 시각은 '신비'라고 할 수 있다.

운이 좋게도 그 시각 공원에 있게 되면

나의 기분은 황홀경이 되어

마치 세상 속에 동화되어 있는 듯하다.

내 옆에 있는 사람이 타인이 아니라,
축제를 함께 즐기는 친구가 되고
내 마음은 한결 부드러워지게 된다.

나는 매일 새벽, 공원을 걸으며
일출이라는 신비한 빛을
온몸으로 받고 하루를 시작한다.

2장

일상을 180도 바꿔 놓은
새벽 기상

도전! 새벽 4시 기상

아침에 늦잠 자는 습관을 완전히 고치고, 새벽 5시 기상에 도전하던 때가 생각난다. 그 당시엔 새벽 6시에 일어났는데, 내 몸에 적응되지 않은 한 시간을 더 빨리 일어난다는 것은 보통 어려운 일이 아니었다. 당시 루틴은 새벽 5시에 일어나 물을 한 컵 마신 뒤 주전자에 물을 받는 것부터 시작됐다. 가스레인지에 올려 불을 켜 물을 데웠고, 컵을 꺼내 커피 한 스푼과 설탕 두 스푼을 넣어 뜨겁게 데워진 물을 부어 커피를 탔다. 잠에서 덜 깬 뇌가 커피 한 모금에 정신이 번쩍 드는 순간이다. 빈속에 커피가 안 좋다는 말에 다른 차로 바꿔보기도 했지만, 아직은 커피만 한 차를 찾지 못했다.

그 당시 나의 또 다른 새벽 루틴은 영어 필사와 새벽 조깅이었다. 커피를 한 모금 마시고 핸드폰을 들어 유튜브를 켰다. 검색창에 '동기부여 영어 문장'을 검색하니 관련 영상들이 주르륵 나왔다. 여러 유튜브 동영상 중 마음에 드는 영상 하나를 고르고, 필사하던 노트를 꺼내 자막으로 나오는 영어 문장과 한글 뜻을 따라 적었다. 영어 문장 필사를 하다 보니 발음만 들었을 때보다는 훨씬 더 문법 공부가 되었다. 한 줄씩 영상을 멈춰 가며 하루 한 시간씩 쓰면 어느새 노트 한바닥을 채우게 되는데 빽빽하게 적힌 노트를 보면 뿌듯함도 생겨난다.

필사한 노트의 전체 페이지를 찍고 그중에서 가장 마음에 드는 문장을 하나 골라 채팅창에 올렸다. 내가 올리는 영어 문장 한 줄에 사람들은 동기부여를 받기도 하고, 또 어느 분은 용기를 얻기도 했다. 30일 차 50일 차, 차수가 더해갈수록 사람들의 반응이 생기기 시작했다. 영어 필사는 '100일 프로젝트'로 예고하고 진행하던 것이었기에 80일 차, 90일 차가 되니 사람들은 아쉬워하기 시작했다.

"이제 100일 되면 경진 님의 글은 못 보는 거예요?"
"100일 말고 1,000일 프로젝트로 바꿔주세요."

"이경진 님 글을 계속 보려면 어떻게 해야 하나요?"

나의 새벽 루틴이었던 영어 문장 필사 100일 프로젝트가 끝나가는 것을 아쉬워하는 사람들이 많아지자, 내 플랫폼을 만들어야겠다는 생각이 들었다. 곧바로 사람들과 소통할 수 있는 온라인 카페를 개설했다. 그곳을 영어 공부, 새벽 기상 등 각자의 습관을 인증하는 곳으로 활용하며 서로에게 동기부여를 주었다. 함께 새벽 습관을 만들어가다 보니 명상, 독서 등 하고 싶은 것들이 많이 생겨났다.

영어 문장 필사 100일 프로젝트

하고 싶은 게 많아지면서 5시 기상으로는 부족함을 느꼈다. 4시 기상이 하고 싶어졌다. 하지만 몇 개월 동안 4시 기상에 번번이 실패했다. 혼자서는 역부족이라는 생각이 들어 다른 방법을 찾기로 했다. 바로 인터넷 사이트에 들어가 다른 사람과 함께하는 새벽 기상 커뮤니티를 검색했다. 그날 당장 '새벽 기상'이라는 커뮤니티에 가입했다. 당시 회원 수는 약 500여 명이었다. 가입한 날 저녁 채팅창에는 다음 날 일어날 시간을 정하는 회원들의 댓글이 쭉쭉 이어졌다.

나도 채팅창에 다음 날 일어날 시간과 4시 기상, 물 마시기, 독서 등의 할 일들을 적었다. 일어나자마자 시간이 기록되는 카메라 앱으로 기상 인증 사진을 찍어 올렸다. 그리고 컴컴한 거실의 불을 켠 후 주방으로 가서 컵에 담긴 물 사진도 찍어 올렸다. 눈 뜨자마자 찍는 불 꺼진 사진 한 장과 기상 후 불을 켠 사진 한 장, 그렇게 두 장의 사진을 10분 이내에 올려야 그날 기상 미션에 성공이다.

'새벽 기상' 커뮤니티의 운영자인 유대호 코치님은 그 많은 사람의 기상 미션 성공 여부를 엑셀 표에 체크해 채팅창에 매일 올려주었다. 노란색으로 칠해지면 성공이고 빈칸이면 실패다.

누가 상을 주는 것도 아닌데 노란색으로 이어지다가 흰색이 칠해지면 그렇게나 마음이 안 좋다. 나는 내 이름의 표 안에 노란색이 채워지는 모습을 보기 위해 기를 쓰고 일어났다(내가 '새벽 기상' 커뮤니티에 가입할 당시엔 모든 회원을 대상으로 기상 체크를 해주었지만, 현재 기상체크는 유료회원을 대상으로 진행하고 있다). 이곳 채팅방에 가입된 사람들은 기상 시간 30분 더 일찍 일어나기 위해 치열하게 일어난다. 새벽마다 자신만의 기상 미션을 사진 찍고, 늦잠이라도 자면 후회 섞인 댓글들과 문의 사항들이 올라오기도 한다. 그 사람 중엔 나도 포함이 되었다. 매일 새벽에 일어나면 잠을 떨쳐내려 기를 쓰며 기상 인증 사진을 올렸다. 그렇게 나는 새벽마다 더 자고 싶은 나와 사투를 벌이고 일어났다.

　한 시간 더 일찍 일어나기 위해 온갖 아이디어들을 생각해봤다. 자기 전 식탁 위에 물을 미리 따라 두었다. 그 옆에는 치약과 칫솔을 함께 두었다. 물병에서 컵에 물을 따르는 한 단계를 줄이고 양치질하기 위해 화장실까지 걸어가지 않아도 되는 수고를 줄였다. 내가 생각하기에 아주 기발한 방법이라 생각이 들었다. 하지만 기세등등했던 전날 밤과는 달리 다음 날 새벽, 4시에 울리는 알람을 끄고 물컵과 칫솔은 건드리지도 않았다. 나는 알람만 끈 채, 이불 속으로 다시 돌아와 다시 자고 말았다. 한 시간 일찍 기상한다는 게 이렇게 힘든 일인 줄 몰랐다. 식탁에 놓인 물컵과 양치 도구들을 보면서 실패 요인을 분석했다. 이번은 꼭 성공할 거라고 단단히 다짐했다.

"띠링 띠링 띠리링~"

알람을 끄기 위해 이불 속에서 겨우 기어 나왔다. 알람을 끄고 나서는 바로 옆에 놓인 물을 마셨다. 조금은 잠이 깨는 듯했다. 하지만 거기까지였다. 치약과 칫솔은 눈에 보였지만 건드리지도 않았다. 알람을 끄고 물을 마시고 나서 다시 이불 속으로 들어갔다. 사람은 본래 한번 깼다가 다시 자면 평소 일어나던 시간보다 훨씬 더 늦게 일어난다. 매번 한숨 더 푹 자고 나서 아침 6시를 훌쩍 넘긴 시각에 일어나는 날이 많았다. 그런 날은 새벽 루틴을 수행하지 못했다는 후회와 괴로움으로 하루를 시작했다.

매일 실시간으로 글과 사진을 올리는 커뮤니티 속 사람들은 새벽 기상을 향한 열의가 대단했다. 그 사람들의 열정은 나에게 계속 도전하게 하는 힘을 주었다. 이후 알람이 울리면 끄고 그대로 집 밖으로 나갔다. 밖에 나가면 다시 누울 곳도, 덮고 잘 이불도 없을 뿐만 아니라 걷다 보면 잠이 깰 수밖에 없다. 얼굴이 퉁퉁 부었든, 머리가 엉망진창이든, 어차피 새벽이니 사람도 많이 없을 테고, 더구나 나는 기상 습관을 기르기 위함이니 지나가는 사람들의 눈은 그다지 중요하지 않았다. 나는 이 방법을 '알람 끄고 뛰쳐나가기'라고 이름 지었다. 말 그대로 알람을 끄고 그냥 밖으로 뛰쳐나가는 것이다. 뛰다 보면 잠도 깨고 운동도 하게 되니 일석이조이고, 기상 습관도 자리 잡는다면 일석삼조의 기회가 아닐 수 없다. 이 방법을 활용하니 신기하게도 2주 만에 새벽 4시 기상이 습관으로 자리를 잡아가기 시작했다.

2

새벽 4시 기상 성공으로 더 큰 내가 되다

다음 날 새벽, '알람 끄고 뛰쳐나가기'를 떠올리며 시끄럽게 울어대던 알람을 끈 뒤 핸드폰을 들고 곧바로 주방 옆에 있는 현관으로 걸어갔다. 손가락으로 머리를 대충 묶고 입고 있던 옷 위에 점퍼를 하나 걸쳤다. 손으로 눈곱만 뗀 채 신발을 대충 신는 둥 마는 둥 하며 현관문을 열었다. 새벽 4시는 아직 캄캄했고, 거리에는 노란 가로등 불빛만이 길거리 곳곳을 밝혀줄 뿐이었다. 앞에 보이는 아파트의 몇몇 집에 불이 켜져 있었지만 새벽의 길거리에는 나 혼자였다. 주머니에 양손을 찔러 넣은 채 걷다 보니 찬 공기에 슬슬 잠이 깼다. 골목길을 벗어나 차들이 다니는 대로변으로 나갔다. 새벽의 길거리 풍경은 낮의 풍경과는 사뭇 다르다. 공기의 냄새도, 길거리의 모습도 모두 달랐다.

골목길을 한 바퀴 빙 돌아 집으로 돌아왔다. 20여 분 걸렸나 보다. 그리고 나는 미처 개지 못한 이불 속으로 들어가는 대신 바닥에 펼쳐져 있는 이불을 개어 정리했다. 주방으로 들어가 가스레인지에 물을 올렸다. 커피를 한 잔 타와서 거실에 있는 책상 앞에 앉았다. 어두컴컴하지만 새벽 공기의 찬 기운을 한껏 맡고 와서인지 '비몽사몽'의 기분은 '활력'으로 완전히 바뀌어 있었다. 이불 속에서 일어나 책상으로 가는 사이에 바깥 외출 하나 더 끼워 넣었을 뿐인데 훨씬 상쾌한 느낌이 들었다. 부지런해진 느낌과 뿌듯함도 들었다.

새벽 공기의 싸늘하고 신선한 공기를 쐬고 돌아온 후에는 따끈한 모닝커피를 마셨다. 달면서도 쓴 느낌의 커피를 입안에 5초 정도 머금은 채 그 특유의 맛을 음미했다. 그리고 그 날은 다시 잠에 들지 않았고 새벽 4시 30분부터 펼쳐 들고 독서를 했다. 다음 날, 또 그 다음 날, 이 패턴의 생활을 매일 새벽마다 지속했다. 2주 정도 반복하니 새벽 4시에 어렵지 않게 일어날 수 있게 되었다. 새벽 4시 기상을 성공하게 해준 이 '알람 끄고 뛰쳐나가기' 방법은 내가 맨 처음 새벽 기상을 막 처음 시작할 때 가장 효과를 본 방법이었다. 새벽 4시면 한여름에도 컴컴한 시각이다. 그 한밤중 같은 새벽 시간에 일어나 굳이 집 밖으로 나오는 것은 새벽의 한 시간을 더 확보하려는 나의 강한 의지였다.

새벽 기상 커뮤니티에는 기상 시간이 찍힌 다양한 사진들이 매일 새벽마다 올라온다. 어느 분은 세면대 사진, 또 어느 분은 읽을 책 사진, 운동하는 사진까지 올렸다. 나도 이 방법을 응용해 나의 루틴 중 하나인 산책 중 공원의 풍경을 한 장 찍어 채팅창에 올렸다. 어느 풍경이건 새벽의 모습만 사진에 담는다면 상관없지만, 기왕이면 까만 아스팔트의 길거리 사진보다는 더 예쁜 사진을 올리고 싶은 마음에 알록달록 색색의 꽃을 찾아 찍어 올렸다. 이 방법은 '꽃 인증 사진 올리기'라고 이름 지었다.

'알람 *끄고* 뛰쳐나가기'와 '꽃 인증 사진 올리기' 방법은 두 가지가 서로 상호 보완 작용을 일으켰다. 새벽 기상 커뮤니티에서 '꽃 인증 사진 올리기'는 강제적으로 수행할 수밖에 없는 환경을 만들어 주었고, 같은 목표를 가진 사람들과 함께한다는 것은 상대에게도 나에게도 서로에게 긍정적인 자극을 주고받는 시너지 효과를 일으켰다. 실제로 '알람 *끄고* 뛰쳐나가기' 방법을 다른 새벽 기상 커뮤니티 사이트에 소개한 적이 있는데 그곳에서 많은 이들이 효과를 보았다고 해 큰 화제가 되기도 했다. "알람 *끄고* 뛰쳐나가세요. 뇌가 고민하기 전에 그냥 나가는

'알람 끄고 뛰쳐나가기' 방법

겁니다. 다시 돌아갈 이불이 없어서 어쩔 수 없이 잠이 깨게 돼요!"라고 소개했고, 다음 날부터 그 모임의 채팅창에는 기상 인증 사진과 성공 댓글들이 속속 올라오기 시작했다. 내가 어렵게 터득한 잠 깨는 노하우가 다른 사람의 기상 습관에 크게 도움이 된다는 사실은 내게도 큰 뿌듯함을 주었다.

갖은 방법 끝에 정한 이 두 가지 방법을 2주 정도 진행하고 나니, 어느덧 기상 시간이 내 몸에 익숙해지기 시작했다. 어느새부터인가 새벽 4시에 설정해 둔 알람을 듣지 않아도 일어날

'꽃 인증 사진 올리기' 방법

수 있게 되었다. 몇 달 동안 실패를 거듭한 끝에 앞의 두 가지 방법으로 새벽 4시 기상에 완전히 성공하며 더 큰 내가 되었다.

새벽 3시 기상으로 한계를 넘다

    사람의 욕심은 끝이 없다는 말처럼 불굴의 의지로 새벽 4시 기상 시간이 익숙해지니 한 시간 더 당기고 싶은 욕심이 생겨났다. 낮의 한 시간이 빨리 가는 것처럼 새벽의 한 시간도 금방 지나간다. 나는 당시 새벽에 일어나 영어 동영상을 틀어놓고 따라 말하는 영어 섀도잉을 100일째 진행하고 있던 참이었다. 하지만 하루에 한 시간 정도 따라 말하는 것 정도로는 영어 실력이 향상되기엔 부족한 느낌이었고, 불현듯 '새벽 3시에 일어나면 더 많은 것을 할 수 있지 않을까?'라는 생각에 새벽 3시 기상에 도전해 보고 싶다는 마음이 들었다.

    나는 새벽에 일어나면 새벽 기상 커뮤니티뿐만 아니라, 내가 자주 방문하는 온라인 커뮤니티 사람들에게 모닝 인사를 전하곤 했다. 어느 날 알고 지내던 분 중 'M' 커뮤니티를 운영하는 분이 계셨는데, 새벽 3시에 인사 댓글을 남기는 것을 보았다. 잘 모르는 사람이 세 시 인사를 남길 때는 '대단한 분이시구나' 하며 먼 이야기처럼 와 닿지 않았을 텐데, 내가 자주 소통하던 사람이 인사를 남기니 그 느낌이 확 달랐다. 더군다나 그분은 내가 하나부터 열까지 모두 따라 하고 싶은 분이었고, 새벽 3시 기상을 한 번쯤 해보고 싶었던 터라 새벽 3시는 내게 점점 선망의 새벽 기상 시간이 되었다.

당시 나도 '우주 최강 습관 나라'라는 커뮤니티 모임을 운영하고 있었다. 내가 습관을 들였던 방법을 통해 다른 사람들에게도 도움을 주고자 만든 모임이었다. 그곳에서 나는 회원들이 올리는 습관 인증을 관리해주었고, 그중 가장 인기 있는 습관 항목은 기상 시간에 관한 것이었다. 그러던 어느 날 기상 시간에 대한 댓글들이 올라오다가 우연히 새벽 기상에 관한 이야기가 회원들 사이에서 오고 갔고, 나는 회원들에게 넌지시 새벽 3시 기상을 해보고 싶다는 이야기를 전했다.

"3시 기상 한번 해볼까 하는 마음이 드네요."

"새벽 3시요? 성공하시면 열심히 박수 쳐 드릴게요."

"그럼 한번 해볼까요? 도전해 볼까요?"

"응원하겠습니다."

"OK, 도전해 보겠습니다!"

　자기 전 공표의 힘이었을까. 새벽 3시에 맞춰놓은 핸드폰 알람이 울리기도 전에 눈이 떠졌다. 그리고 내가 운영하고 있던 커뮤니티의 사람들에게 기상 인사 댓글을 남겼다. 사람들은 다들 놀랐다. 농담처럼 이야기했는데 진짜로 새벽 3시에 기상 댓글이 올라왔으니 말이다. 여러 새벽 기상 커뮤니티에도 새벽 인사 댓글들을 남기며 나의 3시 기상을 인증했다. 약 1,500여 명의 사람들이 모여 미라클 모닝을 하는 모임인 'C' 커뮤니티 모임에 1등으로 "굿 모닝입니다. 어제보다 더 좋은 날 되세요"라고 인사 댓글을 올리며 속으로는 '으하하, 나도 3시 기상 했어요!'라는 함성을 내질렀다. 스스로 한계라고 선을 그었던 새벽 3시 기상을 하고 나니, 내 마음속에서 알의 껍데기를 뚫고 나온 느낌이었다. 그 한계선을 내 힘으로 부수고 일어서니 '아니, 나 이런 것도 할 수 있네?'라는 생각에 스스로가 훨씬 더 대단해 보였다.

새벽 3시 기상은 그 어떤 성취감보다 훨씬 더 크게 다가와 내 마인드를 성장시켜주었다. 그리고 다른 많은 것들도 이런 식으로 끊임없이 도전하면 나도 이 세상에서 못할 것이 없다는 생각이 들었다. 스스로 다른 사람들에 비해 많은 것이 부족하다는 생각을 한 번에 부숴준 계기였다.

나만의 킹핀을 세우다

부족하다는 관점을 벗고 나를 보니 내가 다른 사람들보다 책을 빨리 읽는다는 강점을 발견하게 되었다. 어느 한 서평단에 참가한 일이 있었다. 나는 책을 받은 다음 날 책 후기를 올렸다.

"헉 진짜 빨리 썼어요."

"대박! 빠름! 빠름!"

"진짜요? 책 한 권을 하루 만에 다 읽었어요?"

그곳에 모인 10여 명의 서평단원은 모두 깜짝 놀라 내게 많은 댓글을 남겨주었다. 책을 하루 만에 읽는다는 게 놀랄 일이라는 것을 그때 알았다. 그 이후 내가 직접 서평단 운영을 해보니 하루 만에 서평 글을 올리는 사람이 아주 드물다는 것을 꽤 여러 번 경험했다. 뒤이어 이어지는 댓글에 나는 내 재능을 또 하나 더 발견했다.

"빨리 쓰셨는데도 글을 굉장히 잘 쓰시네요."

"이경진 님이 쓰신 다른 책 후기도 읽어봤는데 글에 흡입력이 있어요!"

"혹시 작가님이신가요?"

많은 분의 글 칭찬에 지난 기억들이 또다시 떠올랐다. 당시에는 글쓰기가 나의 강점인지 모르고 칭찬을 받을 때마다 손사래를 쳤다. 글쓰기 수업을 열어달라는 분도 있었는데 스스로 누군가를 가르칠만한 실력이 아니라고만 생각했다. 그런데 이날 서평단의 여러 명에게 책 읽는 속도가 빠른 데다 글을 잘 쓴다는 평을 받게 되니 비로소 내게 있는 두 가지 재능을 발견하게 되었다. 그날 이후로 새벽 기상의 루틴을 꾸준히 해나갈 수 있는 나의 '킹핀(Kingpin)'을 세워 보기로 했다. 킹핀이란 볼링핀 중 가장 가운데의 핀을 지칭하는 단어이다. 이 킹핀을 공략하면 나머지 아홉 개의 핀들은 자동으로 쓰러지게 되어 있다. 결국, 킹핀은 '핵심'을 의미한다.

나는 그동안 많은 것들을 새벽 시간의 루틴으로 하고 있었다. 필사, 스마일 셀카, 낭독, 독서, 글쓰기, 영어 섀도잉 등으로 이 중에 어느 것 하나만 고르자니 무엇을 골라야 할지 몰랐다. 정확히는 하나 외에 나머지 것들을 버린다는 것이 지난 시간을 버리는 것과 같은 느낌이 들어 하나를 고르지 못했다. 하지만 시간은 정해져 있고, 내 몸은 하나다. 선택과 집중이 필요한 법이다. 나의 멘토님이신 송수용 대표님께선 "'킹핀' 하나만 세우면, 나머지 것들은 모두 따라온다"라고 매번 강조했다. 나도 킹핀을 세워야겠다고 과감하게 결단을 내렸다. 사람들이 내게 잘한다고 하는 것 중에 내가 가장 행복한 것은 '글쓰기'였다. 나는 앞으로 평생 글을 쓰며 살아야겠다는 생각과 동시에 책을 써보기로 했다.

다 큰 성인이라도 자신이 무엇을 잘하고 좋아하는지 알지 못하는 사람들이 많다. 그렇다면 새벽의 한두 시간으로 여러 가지 경험을 꾸준히 하는 것이 좋다. 독서, 글쓰기, 필사 등 무엇이든 계속하면 실력은 늘게 되고, 어떤 것을 좋아하고 잘하는지 알게 되기 때문이다. 무엇보다 당신이 가지고 싶은 재능이 있다면, 새벽 시간을 이용하여 당신의 '킹핀'으로 세워보길 바란다.

5

새벽과 밤에 같이 깨어 있을 수 있다고?

매일 새벽 4시에 일어나다가 3시로 기상 시간을 당기고, 얼마 지나지 않아 머리가 지끈거리는 두통이 생겨났다. 거울 속에 비친 내 얼굴은 주름도 많아지는 듯했다. '헉. 이러다 확 늙는 거 아니야?'라는 생각에 덜컥 겁도 났다. 충분한 수면을 해야 한다는 이야기를 익히 여기저기서 많이 들었기 때문에 불안감이 든 것이다. 그렇다고 새벽 기상 시간을 원래대로 다시 되돌리고 싶지는 않았다. 그만큼 새벽 3시는 내게 의미가 큰 기상 시간이었다. 하지만 여러 연구에서 최소한 6시간은 자야 한다고 했다. 그래서 기상 시간을 늦추는 대신 한 시간 더 일찍 자야겠다는 생각을 했다.

나는 평상시 저녁을 잘 먹지 않는다. 7년 전 다이어트를 시작하고부터 특별한 날이 아니고선 저녁을 거르게 되었다. 내가 저녁을 먹을 때는 가족과 함께 외식을 하거나 정말 맛있는 음식이 있을 때인데 그때에도 조금씩만 먹었다. 어쩌다 저녁을 많이 먹었다는 생각이 들 때면 대부분 급체한다. 저녁을 안 먹은 기간이 길어지다 보니 내 몸이 소량의 식사량에 맞춰진 것이다. 급체를 할 때면 명치끝이 조여오는 심각한 통증으로 견디다 못해 응급실에 다녀오기 때문에 웬만해서는 저녁을 먹지 않고 잠을 잤다.

가족들에게 저녁 식사를 차려준 뒤 잔뜩 어질러진 집안 정리를 하기로 했다. 가족들이 저녁을 먹고 있을 때 나는 잘 준비하기 시작하고, 가족들이 저녁을 다 먹고 나면 설거지를 마친 뒤 바로 잠을 잤다. 어느새 나를 위한 시간을 늘리고, 가족들과 함께하는 시간을 줄여나갔다. 어느 날은 저녁 8시부터 잠이 몰려와 그때부터 잠을 잘 때도 있었다. 나는 일찍 일어나는 대신 일찍 자게 되고, 아이들도 일찍 재우려 했다. 어느 때는 생생한 새벽 시간을 보내고 싶은 욕심에 아이들보다 내가 더 빨리 잘 때도 있었다. 나를 포함한 가족들이 어질러놓은 집을 치우는 손길도 바빠졌다. 새벽의 한 시간을 더 사수하고자 저녁엔 분 단위로 시간을 쓰기 시작했다.

어느 날은 온라인으로 진행하는 새벽 독서 모임에 참여한 적이 있다. 그때 읽은 책은 짐 론의 『시간 관리 7가지 법칙』이었다. 책에서는 성공한 사람 중에 낮잠으로 휴식을 취하여 재충전하는 이들이 많다고 했다. 대표적으로 루스벨트 전 미국 대통령은 점심 후 30분간의 낮잠이 아침에 일어나기 전의 3시간 수면과 맞먹는다고 말했다. 그는 이 낮잠 덕분에 매일 2시간 이상 더 일할 수 있던 것이다. 또 10분간 조는 것은 사람의 기분을 푸는데 두세 잔의 술보다도 훨씬 효과적이라고 한다. 식후 침대에 잠깐 잠을 잤다고 해도 결코 시간을 낭비하는 일이 아니라는 것이다. 오히려 새로운 기분과 열의를 가질 수 있다고 한다. 10분 동안의 휴식이 한 시간이나 한 시간 반 정도의 잠을 잔 만큼 기분을 회복시켜 주는 셈이다. 이 책을 읽고 난 뒤, 나는 낮잠을 이용한다면 새벽의 나를 위한 시간 외에도 가족들과 함께 하는 저녁 시간을 만들 수 있겠다는 생각이 들었다.

〈식객〉으로 유명한 만화가 허영만 선생님도 점심을 먹은 후 30분씩은 꼬박꼬박 낮잠을 잔다고 했다. 화실의 한쪽 공간에 비치된 잠자리에 누워 낮잠을 자는 허영만 선생의 모습은 같은 화실의 직원들에게도 익숙한 듯 자연스러운 풍경이었다.

'낮잠 30분이 밤잠의 3시간이라고? 그래! 낮잠을 자면 저녁에 좀 더 깨어 있을 수 있겠어.'

새벽 시간뿐만 아니라 저녁 시간에도 깨어 있겠다고 하니 많은 사람들이 그렇게 하다간 쓰러진다며 나의 건강을 걱정해주었다. 그때 내 대답은 해보고 만약 병원에 가게 되면 그때 그만하겠다는 것이었다. 사실 거울 속에 비친 얼굴의 늘어가는 주름살을 본 뒤라 솔직히 조금은 걱정되긴 했지만 도전해 보고 싶었다. 그 전엔 저녁에 이루어지는 듣고 싶던 강의들을 그냥 보내기도 했었고, 저녁 식사 후 가족들과 함께 둘러앉아 책 읽는 문화도 만들어보고 싶었다. 새벽 시간이 '나 혼자 하는 시간'이라면 저녁은 '다른 사람과 함께 하는 시간'이다.

어느 한쪽으로 치우치게 되면 균형을 잃어 결국엔 다 무너진다는 것을 이전에 수없이 경험했다. 물론 쉽지 않은 도전이었다. 점심을 먹고 커피를 한잔 마시니 배가 불러 금세 노곤해졌다. 처음엔 침대에 누워 잠을 잤다. 일어나 보니 3시간이 훌쩍 지나 있었다. 다음 날 다시 도전했다. 점심을 먹고 침대에 누워

잠을 잤다. 이번엔 알람을 맞췄다. 하지만 과거 아침에 늦잠을 잘 때처럼 알람을 끄고 다시 누워 잤다. 이번에도 30분이 아니라 3시간을 잤다. 다음 날은 아예 집에 있던 아이들에게 깨워달라고 말했다. 그러나 역시 또 실패였다.

"엄마 깨워달라니까 왜 안 깨웠어."
"깨웠어. 엄마가 안 일어난 거야."

아이들이 깨우는 소리도 듣지 못하고 계속 잔 것이다. 어느 날은 오후 2시에 자서 오후 5시에 일어날 때도 있었고, 어느 날은 오후 4시에 자서 저녁 8시에 일어난 적도 있었다. 무수한 반복과 시도가 있던 중 이렇게는 안 되겠다 싶었다. '어떻게 하면 30분만 잘 수 있을까?' 방법을 연구하던 중, 아이디어가 떠올랐다. 바로 책상에 엎드려 자는 것이었다. 수면도 바이오리듬처럼 얕은 잠과 깊은 잠의 주기가 있다. 책상에 엎드려 자는 내 몸이 불편하니 짧은 깊은 잠 이후 얕은 잠으로 수면 주기가 바뀌게 될 때 자동으로 잠에서 깨는 것이었다. 낮잠은 길게 자면 내 몸에서 밤잠으로 인식하게 된다고 한다. 그렇기 때문에 3~4시간을 잤음에도 더 자고 싶은 생각이 들어 몸이 축축 늘어지는 것이다. 오히려 짧은 낮잠이 길게 자는 낮잠보다 훨씬 더 깊은 휴식을 취할 수 있다. 책상에 엎드려 자고 30분 만에 일어나게 된 그날은 자정까지 전혀 졸린 기색 없이 말짱했다.

현재는 처음 새벽 기상 습관을 잡을 때처럼 수많은 실패와 다시 도전한 끝에 30분 동안만 낮잠을 자는 것이 습관이 되었다. 나아가 저녁 11시까지도 정신이 말짱한 '아침형 플러스 밤형'의 사람으로 살게 된 지 벌써 많은 개월 수가 지났다. 낮잠을 활용하니 가족들과 함께 책 읽는 시간도 만들고, 때로는 온라인 강의나 독서 모임에도 참석하며, 다른 사람들과 함께 하는 시간도 가지게 되었다. 삶의 균형을 찾고, 더 풍성해진 하루하루를 살게 된 것이다. 어느 정도의 기간이 지나자 이 생활도 내게 익숙해져서 어느 날은 낮잠을 자지 않고도 하루 종일 정신이 말짱할 때도 있었다. 또 어느 날은 초저녁부터 쓰러지듯 잠에 들 때도 있었다. 하지만 중요한 것은 이제는 하루에 2시간을 자든 7시간을 자든 나는 더 이상은 과거의 나처럼 잠에 휘둘리지 않게 되었다.

내가 새벽에 일어나는 이유

기억을 되짚어 보면 처음 새벽 기상을 시작하게 된 때는 아이들이 집에 없는 낮에 시간제로 일을 다니던 때였다. 하지만 낮에 하던 일을 그만두게 되자 아이들이 학교에 가면 혼자 집에서 보내는 시간이 많아졌고, 한동안 낮을 두고 새벽에 일어나 모닝 루틴을 한다는 것이 무의미해졌다. 스스로 의문이 들면서 '왜 굳이 낮에 시간이 많은데 잠을 줄여가면서 새벽에 일어나려고 기를 쓰는 거지?'라고 질문해봐도 딱히 그럴듯한 답을 찾지 못했다. 그렇게 새벽 기상에 대한 고민이 시작되었다.

새벽 기상은 낮에 시간을 내기 어려운 직장인들이 하는 것 같았다. 낮에 한가하면서 잠도 안 자고 새벽 시간에 뭔가를 한다는 것이 내가 보기에도 이상했다. 고민이 계속되자 새벽에 눈을 뜨더라도 다시 자는 날이 반복되었다. 그러다 보니 마음 한편에서 '얼마나 힘들게 얻은 새벽 기상인데. 이렇게 다시 자도 되나?' 하는 생각이 들었다. 시간을 쪼개어 바쁘게 살긴 했지만, 새벽 기상을 할 때의 활력있는 느낌이 그리워졌다. 30분, 한 시간씩 기상 시간을 당겨가며 나와의 싸움에서 이길 때마다 느꼈던 성취감도, 미래를 향한 열망도, 투지를 불태우던 시간 속의 내 노력까지 모두 다 버리는 것만 같았다.

전업주부의 하루를 생각해 보면 낮에 일을 다니지 않는 엄마들이 일 다니는 엄마들보다는 여유가 있다고 해도 그 나름대로 바쁘다. 주부들은 비정기적인 일을 할 때가 많기 때문이다. 집안일부터 시작해 집안 대소사도 챙겨야 하고, 집에 오는 손님들도 대접해야 한다. 미래를 준비하고자 각종 자격증을 따기 위해 공부하는 주부들도 많다. 또 언제든 다시 일을 나가야 하는 날을 대비해 새벽 시간은 계속 지켜가는 것이 맞겠다는 생각이 들었다. 비로소 고민에 대한 답을 찾아 새벽 기상을 다시 시작해야겠다는 결론을 내렸다.

미래는 어떻게 될지 모른다. 내가 언제까지 전업주부의 삶을 살 거라고 장담할 수 없다. 앞으로 내가 하고 싶은 일들을 마음 편히 하려면 새벽 시간을 계속 활용해야 한다는 것을 깨달았다. '낮에 할 게 없어 놀더라도 새벽에 일어나서 무엇이든 쭉 해봐야겠다!'라고 다시 한번 굳게 다짐하게 된 순간이었다.

이미 내 몸의 기상 시간은 아침 7시로 맞춰졌지만, 방법을 알고 있으니 괜찮았다. 다시 새벽 기상을 시도하면 된다. 그 시간 동안 나를 위한 여러 루틴을 수행하는 것이 은근히 재미있었고 나름 성취감도 있었다. 특히 잠을 이기고 일어난 새벽의 한 시간은 소중한 잠과 바꾼 시간인 만큼 더 각별하게 생각할 수밖에 없다. 그 한 시간을 10분, 20분씩 쪼개어 독서나 필사 혹은 글쓰기를 하며 열심히 보내고 나면 낮에도 시간을 쪼개어 타이트하게 살게 된다. 결국, 그날 하루를 통째로 훨씬 더 열심히 살게 되는 효과가 있다.

이 책을 쓰는 중에 SBS에서 내가 운영하는 미라클 모닝 모임을 인터뷰하기 위해 방문한 적이 있다. 담당 PD는 미라클 모닝 모임의 회원들을 보며 놀랍다고 했다.

"여기 모인 분들이 모두 아이 엄마들이에요?"

"네."

"이 새벽에 잠 안 자고 공부를 한다고요?"

"아이를 키우며 100% 행복을 느끼는 엄마들도 있지만, 그렇지 않은 엄마들도 많아요. 그리고 아이를 더 잘 키우기 위해서 새벽 일찍 일어나 공부하는 엄마들도 많고요."

"저도 그럴 것 같아요."

엄마들은 보통 낮에는 아이들 돌보랴 집안일 하랴 또 다른 여러 일에 나를 위한 시간을 낸다는 게 쉽지 않다. 더구나 요즘은 코로나 시국이라 아이들이 학교에 가지 않아 24시간 아이와 함께 있는 때이다. 어쩌면 아이들이 자는 새벽 시간이 엄마들에게는 온전히 나를 위한 시간이 되어 스스로 돌아보고 성장하는 유일한 힐링 시간이 되지 않을까 싶다.

또한, 아이는 공부하는 엄마의 뒷모습을 보고 자란다는 말이 있다. 부모가 먼저 모범을 보여야 자식에게 긍정적인 영향을 미친다는 의미일 것이다. 한번은 새벽에 공원을 나가는데 작은아이가 부스스 일어나 "엄마, 나도 공원 같이 갈래요"라고 했다. 그날은 아들과 함께 도란도란 이야기하며 공원을 산책했다. 그 이후로도 여러 번 더 아들과 함께 산책하며 더 가까워지는 미라클 모닝을 경험했다. 자기도 살을 빼보겠다고 새벽에 일어나 엄마를 따라나서는 아들을 보며 잠만 자던 나의 어린 시절이 생각났다. 우리 아이는 나보다 낫다는 생각이 들었다. 그리고 우리 아이들의 미래는 지금의 나보다 훨씬 더 잘 살 거라는 믿음이 생겼다.

15살 사춘기 딸 아이도 늦잠 습관을 고치고 싶다며 나와 함께 새벽 기상을 시작했다. 딸 아이는 늦잠으로 학교에 지각하는 날이 많았다. 이대로는 안 되겠다는 생각이 들었는지 내가 운영하는 모임에 들어왔다. 첫날은 긴장해서 새벽 3시 30분에 기상을 했다. 하지만 이후 많은 어른들이 그랬듯 들쑥날쑥한 기상 시간으로 고전을 면치 못했다. 결국엔 새벽 6시 공원에 나갈 때 아이에게 함께 갈 것을 권유했고 그 후 꾸준히 함께 산책을 하며 지각 습관을 고쳐나갔다. 아이의 도전은 여러 모임의 회원들에게 많은 응원을 받았는데, 아직 응원의 힘으로 새벽 기상을 이어나가고 있다.

부모는 아이에게 생명을 주고, 아이는 부모를 성장시킨다는 말이 있다. 나는 내 아이 덕분에 성장하기를 결심했으며, 내가 성장한 방법으로 아이의 성장도 도울 수 있게 되었다. 물론 아

아이에게 긍정적인 영향을 준 새벽 기상 산책

이들이 새벽 기상을 언제까지 지속할지는 알 수는 없다. 또 도전하다가 슬그머니 그만두다가 다시 도전하는 날이 이어질지도 모른다. 하지만 그 모든 순간이 아이에게 좋은 경험으로 차곡차곡 쌓이게 되고, 딸 아이가 해보고 싶은 것들을 도전하는 그 순간마다 떠올릴 수 있는 좋은 기억들이 될 것이다.

내가 낮에 하던 아르바이트를 그만두고 새벽 시간에 대한 의문이 들었을 때, 다시 새벽에 일어나기로 한 그 결정은 지금도 잘한 일이라고 생각한다. 그때 다시 마음을 다잡고 새벽에 굳은 의지로 일어났으니 지금의 내가 있다. 성장하고 싶은 사람들과 함께했기에 나도 같이 성장했다. 또 내가 성장한 만큼 내 아이들에게도 언제든 옆에서 힘이 되어줄 수 있는 사람이 되었다.

누가 뭐라고 해도 내가 보는 세상이 내 세상이다. 주부든 직장인이든 사업가든 직종에 상관없이 성장을 원하는 사람이라면 그 누구에게나 새벽 시간은 더 나은 삶을 위한 기적이 되어줄 것이다.

어둠이 빛으로 바뀔 때

이경진

새벽마다,
새로운 날의 문을 열고
그 안으로 들어서면
아직은 한밤중의 모습인 어두움.

검은 세상 속에서
잠시 기다리면
하늘의 색이 바뀐다.

세상을 감싸고 있던
두꺼운 장막이 한 꺼풀씩
순차적으로 걷어진다.

총총히 박힌
별의 장막이 벗겨지고,

검기만 하던 하늘은 푸른색으로,
동쪽 저편의 산등성이도 붉어지니.

세상을 뒤덮다 못해
구석구석까지 물들인 어둠을,
혼자의 힘으로 밀어내는 해는
겨울을 몰아내는 봄의 모습이다.

이 모든 생명을 깨우고
그 안의 나도 다시 살게 한다.

매일 같은 시간
세상의 어둠이
빛으로 바뀔 때마다

나는 또다시

마음속 잔뜩 뒤덮인 근심을

용기로 밀어내고

희망의 빛을 밝힌다.

3장

새벽 기상이 알려준
진짜 성공한 삶

내면에 숨은 나를 만나는 시간

새벽은 조용하다. 밖은 아직 해가 뜨지 않아 캄캄한 상태이고, 나를 찾는 사람들도 없다. 식구들 모두 잠을 자느라 조용한 거실에서 나는 혼자 깨어 책을 읽거나 글을 쓴다. 다른 사람의 소리와 방해가 없는 시간에 글을 읽다 보면 주인공의 입장이 되어 책 속의 경험을 함께할 수 있다. 주인공이 겪었던 경험에서 느꼈던 감정들을 함께 느끼고, 주인공이 했던 말이 가슴에 훅훅 들어온다. 그렇게 책을 읽고 나서 글을 쓰다 보면 어느새 방금 읽은 책의 주인공 이야기를 쓰고 있다.

한번은 어느 독서 모임에 참여해 『다시 아이를 키운다면』의 책을 읽었는데, 한 문구가 인상 깊었다. 아이를 언젠가는 떠날

손님이라고 생각하면 아이에 대한 생각이 확 달라진다는 내용이었다. 또 내 마음보다 아이의 마음을 살피게 되어 어떻게든 늘 잘 해주고 싶고 단점보다는 장점에 더 눈이 가며 조그만 호의에도 고마워하게 된다고 했다. 이 내용을 접한 후, 내 아이의 어릴 적 경험이 떠올랐다. 시장 한복판에서 아이를 잃어버렸을 때의 일이다. 아이가 사라지자 천국과 지옥을 다녀온 기분이 들었다. 이후 다행히 아이를 찾았지만, 그때 그 기분은 어떠한 말로도 설명할 수 없다. 이 일화를 나의 블로그에 올리며 아이에게 더 신경을 써야겠다고 했는데, 글을 접한 어떤 분은 아이를 잃어버린 엄마의 마음이 너무나 절절하게 다가와 눈물이 났다고 했다. 책 후기를 적으며 과거의 경험을 쓰다 보니 유년 시절 내가 엄마를 잃어버린 이야기도 같이 생각이 났다. 이처럼 책 속의 단 한 문장이 내 과거와 내 어머니의 심정까지 함께 불러왔다. 책 한 권에는 그런 한 문장들이 무수히 많이 있다. 책을 읽으면 생각이 풍성해지는 이유다.

새벽 루틴이 이미 적응된 사람들에게는 독서나 글쓰기 혹은 필사 등을 수행하는 것이 쉬울 수 있어도 이제 막 시작한 사람들에게는 어려울 수 있다. 나는 새벽에 꼭 어느 순서대로 하라고 강요하지 않는다. 사람은 누구나 성격도 의지력도 다르기에 자신에게 가장 잘 맞는 것을 찾는 것이 중요하다. 나는 첫 새벽 루틴으로 일어나자마자 유튜브를 켜고 동기부여 영상을 시청했다. 영상 속 진행자가 해주는 명언은 새벽마다 나를 보고 "똑바로 살아야 한다"라고 다시금 정신을 깨게 해주었다.

그중 아직도 기억에 남는 영상이 있다. 성공 비결을 알고 싶은 한 남자가 성공한 사람을 찾아갔다. 그는 남자를 바다로 오라고 했고, 다음 날 남자는 자신이 가진 옷 중에서 가장 좋은 양복을 갖춰 입고 바다로 갔다. 왜 바다로 나오라고 했는지는 모르겠으나 성공하는 법을 알게 될 거라는 생각에 기뻐했다. 그런데 막상 바다에 가보니 그는 바다 안에 있었다. 그리고 좋은 양복을 갖춰 입고 온 남자를 보고 물속으로 들어오라고 손짓했다. 남자는 뭔가 이상한 느낌이 들었지만, 물속으로 들어갔다. 성공자는 자신의 앞에까지 온 남자의 머리를 손에 힘을 잔뜩 주고 눌러 익사 되기 직전까지 놔주지 않았다. 남자는 물속에서 버둥대다가 죽기 직전에야 성공자의 손에서 풀려날 수 있었다. 숨을 몰아쉬며 자신에게 화를 내려는 남자에게 성공자는 이렇게 이야기했다. "성공하고 싶은가? 이 느낌을 잊지 말게." 이 영상을 보고 정말 처절하고 독하게 버티고 이겨내야 성공한다는 사실을 깨달았다. 성공자가 그에게 가르쳐준 방법은 실제로 아주 독

했지만 가장 확실하게 알려주었다. 물속에서 공기 한 모금 절실했던 그 심정, 그 절박함이 사람을 계속 달리게 해서 성공으로 골인하게 만드는 것이다.

영화 〈행복을 찾아서〉의 실제 주인공 크리스 가드너는 갈 곳이 없어 길거리에서 지냈다고 한다. 당시 3살 아이와 함께 지냈는데, 어느 날은 지하철 화장실에서 밤을 보내게 되었다. 바닥의 냉기를 조금이라도 막아보려 화장실 냅킨을 깔고 그 위에 아이를 눕힌 장면이 나왔다. 자신의 하나밖에 없는 사랑하는 아이를 차가운 바닥에 재우는 아버지의 심정은 아마 절박함보다 더했던 처절함이었을 것이다. 그보다 더 바닥이 없었기에 치고 일어날 추진력을 발휘할 수 있었다. 잃을 것이 없는 사람이 가장 센 법이다. 더는 잃을 것이 없고 더 이상은 바닥일 수 없기에 크리스 가드너가 힘을 내서 성공할 수 있던 것이다.

매일 아침 이러한 영상들로 나를 중무장시키니 나는 새벽잠을 떨쳐버리고 일어날 수 있었다. 나는 동쪽에서 떠오르는 아침 해와 함께 매일 새 마음으로 기분 좋게 일어나 동기부여 영상을 시청하며 하루를 시작했다. 그 영상들은 내게 아침마다 오늘도 내가 할 수 있는 최선을 다해 열심히 살자고 응원해주는 원동력이 되어 주었다. 일단 독서든 글쓰기든 동기부여 영상 시청이든 어느 정도 기간을 두고 하다 보면 또 다른 것이 하고 싶어진다. 그럼 그것을 하면 된다. 그러다 보면 어느 루틴이 더 내게 행복감을 주는지 알게 되고, 그 시간이 내게 행복한 시간이 될 것이다.

나와 꽤 오랜 시간 동안 새벽 기상을 함께 했던 은숙 님 또한 새벽 시간을 통해 내면에 숨은 자신을 만났다고 한다. 은숙 님은 공인중개사가 되기 위해 새벽 일찍 일어나 시험공부를 했다. 매번 시험공부를 인증하던 사람인데, 어느 순간부터 기상 인증 사진과 공부하는 사진이 올라오지 않았다. 어떻게 된 영문인지 궁금하던 찰나, 은숙 님은 미래에 대한 확신 부족으로 공부에 대한 흥미가 사라지면서 새벽 기상이 즐겁지 않았다고 했다. 이후 나는 은숙 님에게 당분간은 시험공부 대신 새벽 공원을 산책할 것을 추천했다. 은숙 님의 집 근처 공원은 제법 컸고 호숫가도 있었다. 은숙 님은 새벽 산책을 통해 다시 미래에 대해 생각하는 시간을 가졌고, 공인중개사는 자신의 길이 아님을 알게 되었다. 대신 진짜 그녀가 하고 싶은 것은 무엇인지 생각해 보는 시간을 가졌다고 했다.

또 다른 회원인 미진 님은 나를 닮고 싶다면서 내게 찾아왔다. 그리고 미진 님은 새벽마다 모닝 루틴을 실천하며 성장하고, 슬럼프도 겪었다. 슬럼프 기간을 회복하고 나니 스스로 잘하든 못하든 그 모든 것은 나이고, 그 자체만으로도 온전히 나라는 존재라는 것을 알게 되었다고 한다. 미진 님은 새벽을 통해 인생 철학을 깨달은 것이다. 모임에서 회원들의 성장과 변화 그리고 배움으로 인해 나도 함께 성장할 수 있었다.

이처럼 새벽 시간의 경험은 내가 나를 아는 시간이다. 이 시간에 무엇을 하든 상관없이 온전히 나를 위하는 시간이며 나를 단단히 만드는 시간이기도 하다. 평상시에는 일하느라, 가족과 보내느라, 나를 제대로 알 시간이 없다. 그럴 때 다른 사람들 다 자는 새벽 시간 동안에 나를 만나는 것이다. 내게 좋은 습관 혹은 루틴으로 새벽 시간을 채운다면 분명 설렘과 행복의 새벽 시간이 될 것이다.

꾸준함의 마법이 실현되다

사람들은 내게 꾸준하다고 한다. 과거에는 전혀 듣지 못했던 말이다. 성공한 사람들의 공통점은 꾸준함이라는 말이 있듯이 꾸준하다는 건 분명 기분 좋은 말이다.

새벽 시간은 매일 온다. 무언가를 계속하고, 지속할 수 있는 시간이다. 많은 엄마들이 아이를 낳은 후 경단녀가 되기도 하고, 새로운 시작을 하는 데 어려움을 겪기도 한다. 낮엔 아이들이 학교 간 사이 잠깐 시간제 아르바이트를 하는 엄마도 있고, 아이들 돌보는 엄마도 있다. 직장을 다니지 않는 엄마라고 해서 낮에 항상 매일 시간이 비어 있지는 않다. 나도 그랬기에 새벽에 일어나 짬짬이 나만의 시간을 가졌다. 아이들이 어렸을 때부터 하루 중 유일하게 나를 위할 수 있다는 그 행복감이 좋아서 계속 새벽에 일어나 책을 읽고 나를 위한 일들을 찾았다. 그러다 보니 기상 시간이 새벽 3시까지 앞당겨졌다. 처음에는 아이들을 위해 잡기 시작한 나의 기상 습관이 어느새 내 인생을 다시 찾게 해준 마법이 되어주었다.

　처음 글을 쓰기 시작했을 때는 단순히 내용을 잊지 않기 위해서 책 속의 좋은 글들을 따라 적었다. 그 이후에는 책을 읽으며 감명받은 문장들에 대한 경험이나 생각들을 정리해서 적었다. 나아가 읽은 책에 대해 사람들에게 이야기하며 글쓰기 노하우 강연까지 했다. 이뿐만 아니라 책도 출간하게 되고, 방송 촬영까지 하게 되었다. 과거의 아침은 늦잠과 싸우던 괴로운 시간이었다. 더 자고 싶어서 이불 속에서 낑낑거렸다. 현재 중학생인 딸 아이가 초등학교에 다닐 때까지만 해도 나는 딸보다 늦게 일어나는 엄마였다. 지금 와서 생각해 보니, 무슨 잠이 그렇게나 많았는지 모르겠다. 하지만 지금의 아침 시간은 새벽 시간 다음에 만나는 하루의 두 번째 시간이다. 과거엔 내 딸이 엄마를 깨웠다면 지금은 공원 산책을 마친 후 베란다 창문을 열고 환기를 시키며 느긋하게 딸아이를 깨우는 아침이 되었다. 그야말로 하루를 활기차게 시작하고 있다.

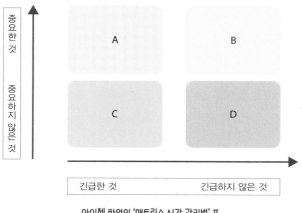

중요한 것	A	B
중요하지 않은 것	C	D
	긴급한 것	긴급하지 않은 것

아이젠 하워의 '매트릭스 시간 관리법' 표

아이젠 하워의 '매트릭스 시간 관리법'이라는 표가 있다. 위 표는 내가 계획하고 있는 일들의 효율성을 한층 높여준 도구이다. 당장 해야 하는 일은 맨 위 왼쪽 칸인 A, 긴급하진 않지만 중요한 일들은 맨 위 오른쪽 칸인 B에, 중요하지 않지만 긴급한 일은 아래의 왼쪽 칸인 C에, 중요하지 않고 긴급하지 않은 일들은 아래의 오른쪽 칸인 D에 적는 것이다. 많은 사람들이 A에 적어놓은 당장 생계와 관련된 일을 하는데 시간을 쓰고 그 외의 시간은 C와 D의 일을 하는데 쓰고 있다. 하지만 미래를 설계하는 사람들은 B에 적힌 일에 더 시간을 써야 한다. A의 일에만 시간을 써서는 자신의 몸값을 높일 수 없다. 하루하루 먹고 사는 일로 계속 인생의 쳇바퀴를 굴리는 삶을 살 수밖에 없다. A의 일을 하면서 C의 일은 될 수 있으면 위임하도록 하고, D의 일은 하지 않아야 한다. 그리고 B의 일에 최대한 시간을 들여서 내 몸값을 높이고 더 많은 소득을 올려야 한다. 독서, 글쓰기, 운동, 그 외의 자기계발 등의 일은 대부분 중요하지만 긴급하지 않은 일에 들어간다. "먹고 살기도 바쁜데, 책 읽을 시간이 어디 있어?"라고 말하는 사람이 있다면, 진짜 그렇게 바쁜지 한번 살펴보자. 나는 외출할 때 항상 책 한 권씩 가방 안에 넣고 다닌다. 버스를 기다리는 정류소에서 책을 읽었고, 이동하면서도 틈틈이 읽었다.

B에 적힌 일을 실천하기 위해 노력하고 있다

매일 하는 것은 점점 익숙해진다. 매일 가는 곳은 그 장소와 내가 하나가 되고, 매일 하는 것은 그것과 내가 하나가 된다. 내가 새벽 시간을 이용해 글을 쓰고 공원을 산책하고 있다면, 미라클 모닝을 하는 다른 사람들은 새벽을 이용해 운동하거나 명상, 공부 등 모두 자신들이 정한 루틴들에 따라 각자의 새벽을 즐긴다. 내가 운영하는 새벽 기상 모임의 회원님들도 모두 새벽마다 자신들의 인생에서 가히 혁명이라고 해도 과언이 아닐 정도로 새벽 시간을 사수해가며 에너지를 쏟아붓고 있다. 정확히는 '그날 하루를 잘 보내기 위한 에너지를 충전하는 시간'이라고 해야 더 맞는 말이 될 것이다. 어떤 이에게는 다른 사람들로 인해 상처받은 마음을 명상으로 위로받는 시간이 되기도 하고, 독서나 글쓰기로 나를 다시 바로 세우는 시간이 되기도 한다. 독서를 하며 배우고, 운동하며 건강과 자존감을 올리고, 글을 쓰면서 생각을 정리해 나간다. 새벽 시간에 잠을 자는 대신 깨어 있다는 것은 인생에 있어서 중요한 많은 일들을 꾸준히 할 수 있는 시간을 확보하는 것이다.

사람이 살다 보면 언제나 내가 원치 않는 외부 상황들에 휘말리는 경우가 있다. 일상의 시간을 쪼개어 30분이든 한 시간이든 자신의 시간으로 만드는 사람들은 자신에게 닥친 문제를 현명하게 해결하는 힘이 길러진다. 이들은 평상시 자신들이 해결할 수 있는 만큼의 문제 해결 능력이 길러진 사람들이기 때문에 삶에서 오는 문제들에 더 쉽게 대처할 수 있게 된다. 물론 새벽 기상을 한다고 모두 다 성공하는 것도 아니고, 새벽 기상을 하지 않는다고 성공하지 못하는 것도 아니다. 새벽이 아닌 밤에 더 집중도가 좋은 사람들도 많다. 낮이든 밤이든 새벽이든 몰입할 수 있는 시간을 꾸준히 가질 수 있으면 그 시간을 이용하는 것이다. 무엇이든지 '꾸준히'가 중요하다. 이번엔 제대로 해야겠다고 결심한 뒤 한두 번 반짝해서는 살아오던 인생을 바꿀 수 없을 것이다.

만약 당신이 작심삼일형이라면 오늘부터 작심일일형이 되어 매일 작심하고 도전하고 그날의 성공을 쌓아나가자. 그렇게 매일 같은 일을 작심하고 매일의 성공을 쌓아가다 보면 당신이 원하는 목표는 어느새 성큼 코앞에 다가와 있을 것이다. 나와 나의 새벽 기상 모임의 회원님들이 그랬듯이, 이 책을 읽는 모두가 자신의 삶을 바꾸는 이런 마법 같은 순간들을 더 많이 누릴 수 있길 바란다.

몰입을 높여주는 '워밍업 타임'

새벽 기상을 할 때면 항상 느끼는 것이 있다. 기상 후 한 시간은 무엇을 한지도 모르게 지나가 버리게 된다는 것이다. "새벽한 시간의 집중력은 낮의 3시간이다"라는 말에 백번 공감한다. 그러나 날마다 낮의 3시간과 같은 새벽의 귀한 한 시간 동안 커피를 타거나, 화장실을 다녀오거나, 혹은 어제 미처 치우지 못한 책상 위를 치우는 일로 시간을 썼다. 처음에는 잡다한 일로 소중한 한 시간을 쓰는 것이 아까워 마음속에 늘 갈등이 있었다. 힘들게 새벽 4시에 일어났는데, 새벽 5시부터 나의 시간이 된다고 생각하니 시간을 낭비하는 것 같았다. 그래서 집중하기 전 부산스러운 시간을 최대한 줄여나갔다. 저녁 시간에 최대한 청소와 설거지를 다 해놓는 등으로 여러 루틴을 정해 놓고 열심히 수행했다. 루틴을 모두 수행한 날이면 다음 새벽 날 기분 좋게 일어났다.

하지만 나는 저녁이 되면 에너지가 급격히 떨어지는 것을 자주 경험했다. 처음의 마음과 달리 어느새 다시 원점이 되어버렸다. 한때 하루 계획해 놓은 루틴들을 표로 만들어 동그라미와 엑스 표로 체크하며 매일 같이 루틴들을 수행한 적이 있다. 낭독, 스마일 셀카, 물 2L 마시기, 필사, 가계부 쓰기, 공원 산책 등의 루틴을 하다 보니 항목들이 하나씩 둘씩 늘어나게 되었다. 내가 기존에 하는 것들 외에도 다른 사람이 하는 루틴 중 좋아 보이는 건 모두 추가했다. 결과적으로 하루 동안 수행해야 할 항목들이 17개까지 늘어나면서 내가 동그라미를 표시하지 못한 빈칸들에 스트레스를 받아 가며 잠에 들었다.

뇌는 우리가 잠을 자는 중에도 하지 않은 일의 빈칸을 채우려고 노력한다. 나는 점점 이 루틴표의 빈칸이 내 일상을 지배하고 있음을 느꼈다. 루틴표에 내가 갇히는 느낌도 받았다. 어느새 하루 종일 내가 수행하지 못한 일들에 강박감이 생기게 되었다. 내가 정해 놓은 루틴들을 수행할 땐 마치 내가 쳐놓은 울타리와 같이 안정감이 들고 그 속에서의 자유로움도 느꼈다. 문제는 내가 정해 놓은 17가지의 모든 것을 다 해봐야 마음이 편했다. 하나라도 빠지게 되면 그것에 계속 신경이 쓰였다.

결국, 번아웃이 왔다. 며칠 동안 아무것도 하지 않았다. 그렇다고 마음이 편하지도 않았다. 선택과 집중이 필요했다. 며칠 뒤 루틴 표의 항목 중 지금 현재의 내게 가장 중요하다고 생각이 되는 '글쓰기와 새벽 조깅' 두 개만 남기고 모두 지웠다. 그리고 또 하나, 새벽의 기상 후 한 시간은 마음을 비우고 '워밍업 타임'으로 쓰기로 했다. 기상 후 워밍업 시간을 단축하기 위해 있었던 '자기 전 집 안 청소하기'도 루틴 표에서 지웠다.

사람은 새벽형이냐 올빼미형이냐에 따라 에너지를 쓰는 시간도 다르다. 나는 새벽 시간에 가장 많은 에너지를 쓰고 있다. 지속하여 수행할 루틴들은 하루의 시작 부분에 배치한 뒤 다른 시간은 모두 비워놓았다. '자기 전 청소하기'를 루틴 표에서 지우고, 기상 후 한 시간은 집중하기 전 워밍업 시간이라고 생각하기로 했다. 워밍업 시간으로 보내야겠다고 마음을 비우고 나니, 그 시간이 이러 저러한 일들로 지나가는 것에 대해 크게 스트레스를 받지 않게 되었다. 현재 새벽 3시에 일어나고 있지만 내 새벽 시간은 4시부터 시작된다고 생각하고 있다. 할 수 없는 일을 하려고 애쓰기보다 할 수 있는 일에 집중하려고 한다. 안 되는 것은 내가 할 수 있는 최선을 다해 열심히 하는 것이다. 열심히 했다면 그것만으로도 성공이라고 할 수 있다. 완벽하게 하려는 마음은 과감하게 비우는 게 좋다. 행복으로 매 순간을 몰입하는 데에도 하루라는 시간은 언제나 짧기 때문이다.

능률을 올려주는 '마감 장치'

전 세계적으로 유명한 대작가 '베르나르 베르베르'에 관한 글
을 읽은 적이 있다.

"매일 아침 8시부터 12시 30분까지 10페이지 분량의 글을
씁니다. 이렇게 지켜온 것이 벌써 30년이 됐네요. 이미 써놓은
10페이지를 고치는 작업을 하든 새롭게 쓰든 매일 10페이지 분
량을 지키고 있어요. 일하는 데 있어서 무엇보다 중요한 것은
'규칙성'이라고 생각해요. 이러한 규칙적 습관이 상상력을 지탱
해주는 힘이 되죠. 항상 일정한 시간에 규칙적으로 새로운 아이
디어를 찾도록 뇌를 훈련했더니, 그게 이제는 스스로 작동을 하
더라고요."

그는 매일 같은 시간인 아침 8시부터 4시간여 동안 글을 쓴다고 한다. 자신이 정해 놓은 시간에 앉아 펜을 잡기 시작하면 그때부터는 뇌가 글을 쓰는 것이 아닌 손이 글을 쓰는 듯이 폭발적으로 글이 써지기 시작하며 이후 그 시간이 지나게 되면 더 쓰고 싶어도 펜을 놓고 일어선다고 했다. 베르나르 베르베르가 4시간 동안 폭발적으로 글을 쓸 수 있는 이유는 '집중력'이었다. 스스로 정한 시간에만 글을 쓸 수 있으므로 그 시간에 몰입해서 글을 써내는 것이다. 더 쓰고 싶어도 쓰지 않는다. 글을 더 쓰지 못하는 그 아쉬움을 통해 다음 글 쓰는 날 더 큰 집중력을 발휘하게 된다.

나도 베르나르 베르베르가 글을 쓴 것처럼 집중력을 발휘해 글을 쓰고 싶었다. 오전 10시에 하던 조깅을 새벽 6시로 배치하고, 조깅 가기 전 두 시간 동안만 글을 쓰기로 했다. 새벽이 어두컴컴하고 더 추워도 글쓰기에 도움이 된다면 얼마든지 괜찮았다. 물론 내가 하루 두 시간씩만 글을 쓴다고 해서 베르나르 베르베르처럼 대작품을 쓸 수 있다는 것은 아니다. 단지 내가 원하는 것은 폭발적인 집중력이었다. '마감 시간의 힘'을 이용하는 것이다. 매일 6시 '새벽 조깅'이라는 장치를 만들어놓음으로써 그 시간 동안에만 글을 쓰는 훈련이다.

가족들 모두 잠들어 있는 새벽 3시에 일어나 분주히 글을 쓸 준비를 했다. 글을 쓸 준비란 다른 것이 없다. 글쓰기에 집중할 수 있는 정리 작업이다. 방을 치우거나 책상 주변 정리를 하는 것이다. 이후 노트북 자판 위에 손을 올려놓아도 어느 글을 써야 할지 글감이 떠오르지 않으면, 잠시 눈을 돌려 책장에서 책을 한 권 꺼내 읽었다. 책 속의 문장들에서 내게 영감을 주는 글을 찾아 썼다. 그렇게 한 시간쯤 지나고 나면 글 쓸 준비가 되어 있다. 4시부터 집중적으로 한 편의 글을 쓰기 시작하는 것이다. 한, 두 시간가량의 집중적인 몰입의 시간이 지나고, 5시쯤 되면 그 글을 완성하기 위해 내 머릿속은 아주 바빠지기 시작하는데 6시가 되면 마무리 단계다. 이땐 어쩔 수 없이 쓰던 글을 끊고 나가야 한다. 그때 나가지 않으면 그날은 조깅을 나가지 못한다. 새벽 루틴이 깨지게 된다. 누가 정해주지 않은 스스로 정한 규칙이다.

조깅을 나가 걷거나 뛰다 보면 아무 생각이 없어지기도 하지만 때로는 여러 생각이 떠오른다. '그 문장은 이렇게 고치면 더 좋겠다' 혹은 '이런 문장 하나 더 들어가면 좋겠다'라는 생각이 머릿속에서 나도 모르게 자주 떠오르곤 한다. 불현듯 산길을 걸으며 새벽에 글을 쓰며 망설였던 부분들이 떠오르는데 집에 와서 문장 하나를 통째로 삭제하고 아예 다른 글을 넣어 수정하기도 한다. 또 글을 쓸 주제가 마구 떠오를 때가 있다. 머릿속에서 글감이 떠오르면 내 기억 속에서 사라지기 전에 얼른 주머니에서 핸드폰을 꺼내 메모를 해두었다. 그리고 다음 날 새벽이 되어 글을 쓸 때 핸드폰에 메모해둔 글감은 한 편의 분량으로 완성된다.

이처럼 새벽 조깅은 내게 건강을 위한 운동이면서 하루의 아침을 활기차게 열어주는 도구일 뿐만 아니라, 적당한 긴장감을 주는 '마감 시간'의 장치다. 마감 시간의 힘은 강하다. 시간이 많을 때는 오히려 일의 능률이 안 오른다. 하지만 오늘 당장 해야 한다는 생각은 내 몸을 움직이게 한다. 발등에 불이 떨어지면 저절로 움직이게 된다. 새벽 조깅이라는 장치가 다가오는 시각이 되면 슬슬 발등에 불이 떨어지면서 뇌에선 상황을 해결하는 데 필요한 명령을 내리고 내 몸은 그에 따라 일사불란하게 움직인다. 머릿속에서 마감 시간이 다가오고 있으니 어서 글을 마무리 지으라는 압박감이 들기 시작한다.

무엇이든 같은 일상 속에서 같은 것을 하는 것이 자연스럽게 능률이 오르고 가장 잘 된다. 어떤 일에 능률을 올리고 싶다면 자신이 적당한 긴장감을 느낄 수 있는 마감 장치를 마련해보자. 새벽 기상이든 새벽 조깅이든 아니면 내게 필요한 다른 습관을 만드는 것이든 꾸준히 자기만의 루틴을 해나가는 것, 그것이 나의 습관을 만드는 비결이다.

5

아이를 변화시키는 새벽 기상

학창 시절의 나는 공부하는 것을 좋아하지 않았다. 하지만 지금은 오히려 학생 때보다 공부를 즐기면서 하고 있다. 책 속에서 혹은 일상 속에서 주옥같은 문장을 알게 되면 그 문장을 알게 된 것이 그렇게나 행복하다. 문장 하나 더 알게 된 자체로 내 남은 인생을 더 잘 살 수 있는 선물 같은 느낌이 들어서다. 그래서 현재 공부하고 깨달아가는 시간이 참으로 즐겁다. 사람은 계속 공부하는 존재라는 것도 책을 통해 알게 되었다. 현재도 내가 모르고 있는 것들과 배우고 싶은 것들이 무궁무진하게 많고 새로 알게 된 것을 다른 사람에게 알려주는 과정들이 모두 다 감사하다.

나는 돈 없이 결혼 생활을 시작해서 고생을 정말 많이 했다.

결혼을 앞두고 남편은 실직을 했다. 이후 몇 년 동안이나 일을 구하더라도 금방 그만두는 불안정한 생활을 하게 되었다. 처음부터 없이 시작한 살림살이는 좀처럼 나아지지 않았다. 첫 아이 임신 중에는 청약 당첨 1순위였던 청약 저축 통장을 해지해 생활비로 썼다. 보험회사에서 약관 대출을 받고, 돈을 갚지 못하다가 몇 년 동안이나 부었던 종신보험도 해지했다. 경제적으로 여유가 없다 보니 나는 첫 아이가 돌이 되자마자 어린이집에 맡기고 일을 다닐 수밖에 없었다. 백만 원도 되지 않는 월급으로 딸아이와 남편과 함께 겨우 생활하고 있었다. 월말이 되면 남는 돈이 없었다. 항상 돈이 부족했다. 아무리 시간을 쪼개어 바쁘게 살아도 내 미래는 보이지 않았다.

아이에게 이런 생활을 물려줄 수는 없다는 생각이었다. 남들처럼 풍족한 생활을 하게 해주고 싶었고 부자가 되고 싶었다. 어떻게 하면 성공할 수 있을지 항상 생각했다. 그래서 항상 돈이 가장 첫 번째로 화두였다. 부자가 되고 싶다는 생각을 하다 보니 아이들에게 물려주고 싶은 유산까지 생각하게 되었다. '일 못 하는 사람이 연장 탓한다'는 말이 있다. 내가 딱 그랬다. 돈을 모으기도 전부터 유산에 대해 여러 가지 고민이 시작되었다. 혼자서 머리를 싸매고 아무리 생각을 해도 좋은 생각이 떠오르지 않자 여러 사람에게 물어보기 시작했다. 대부분의 사람들은 아직 섣부른 고민이라고 했지만, 아이들을 대상으로 독서 논술을 가르치시는 분의 대답은 달랐다.

"돈보다 더 중요한 걸 가르치면 돼요. 다른 사람을 대하는 마음씨와 태도, 생활 습관, 대화하는 법, 책 읽는 습관 등 그러면 그 아이는 어른이 되어서 내가 돈을 물려주든 물려주지 않든 아무 문제 없을 거예요."

그 이야기를 듣자마자 무릎을 '탁' 쳤다. 유산에 대한 고민거리가 순식간에 해결되는 순간이었다. '아! 그렇구나! 가정교육이 잘 되어 있으면 돈에 휘둘리지 않을 수 있겠구나. 내가 이렇게나 현명한 분을 알고 있다니…. 역시 책 읽는 사람은 다르구나!' 이분은 이 한마디로 내 고민을 단박에 해결해 주셨고 그날로 나의 멘토가 되었다.

『은퇴자의 공부법』 책의 저자분이신 최병일 교수님의 말씀도 마음에 크게 와 닿았다. 서울 동부교육청에서 주관하던 독서토론지도사 양성과정에서 만나 뵙게 되었는데, "자녀에게 돈을 물려주는 것보다 더 귀한 유산은 책 읽는 습관을 물려주는 것입니다"라는 말을 해주었다. 나는 이 이야기를 듣자마자 크게 감동하여 허리 숙여 감사 인사를 했다.

책이 답이었다. 아이가 어른이 되고 나이가 들어가면서 만나는 장애물마다 부모가 모든 문제를 해결해 줄 수는 없다. 부모가 물려준 돈으로 해결하는 것은 한계가 있다. 하지만 스스로 장애물을 지혜롭게 넘어가는 방법을 안다면, 아이는 문제들을 만날 때마다 어떻게든 다시 일어날 테고 그만큼 성장할 것이다. 아이들이 책 읽는 재미를 알게 된다면, 자신의 삶을 살아가면서 만나는 어려움마다 책을 통해 문제를 이겨낼 수 있을 것이다. 책에는 수많은 지혜가 담겨있을 뿐만 아니라, 여러 어려움을 극복한 이야기가 담겨있기 때문이다. '아이는 엄마의 뒷모습을 보고 자란다'라는 말이 있다. 아이에게 새벽마다 책을 읽는 엄마의 모습을 보여주니, 아이들도 어느새 함께 책을 읽게 되었다.

독서하는 아이들의 모습

타인을 도울 수 있는 행복

성공한 사람들은 대부분 새벽형 인간이라고 했다. 성공하려면 새벽에 일어나야 한다는 이야기를 들은 이후 '나도 새벽에 일어나면 성공할 수 있겠구나'라고 생각했다. 하지만 새벽 기상에 성공해도 내가 생각하는 성공과는 거리가 있었다. 새벽 기상을 하면 성공한다는 것은 『시크릿』에서 말하는 "상상하면 이루어진다"라는 말에 '행동하기'가 빠진 것과 같다. 새벽에 일어나기만 하면 성공하는 것이 아니라, 일찍 일어난 뒤 내게 주어진 새벽 시간에 과연 무엇을 하느냐가 자신이 속한 분야의 성공 요인이 된다. 나에게 새벽 기상을 하며 얻은 가장 큰 성공이 무엇이냐고 묻는다면 타인을 도울 수 있는 행복을 누릴 수 있게 된 것이라고 답할 것이다.

언제가 보았던 한 유튜브 영상에서 들은 이야기가 생각이 난다. 그 영상에서 "수많은 유튜브 채널 중 10%만이 책 이야기를 하고, 내적 성장을 이야기하는 콘텐츠입니다. 여러분이 이 영상을 본다는 것만으로도 이미 이 세상을 이끌어 가는 10%의 사람들입니다"라고 말했다. 또 『스마트폰 다이어트』의 저자인 기성준 작가님도 내게 비슷한 말을 해주었다. 보통 사람들은 한 해에 책 몇 권 읽지 않는다며 매일 책을 읽는다는 것은 사실 정말 대단한 일이라고 했다.

이후 『30살, 여전히 도전 중입니다』의 저자 이원준 작가님의 강연을 들었는데, 강연 내용 중 "책 읽기를 좋아하는 사람들은 그렇지 않은 사람의 10%입니다"라는 말이 크게 와 닿으면서 이전에 들었던 유튜브 영상의 이야기와 기성준 작가님 이야기가 떠올랐다. 이전엔 미처 몰랐던 생각을 받아들이는 데에는 세 명의 사람이 필요하다고 한다. 유튜브 영상을 비롯해 기성준 작가님, 이원준 작가님의 이야기는 나도 다른 사람에게 긍정적 영향을 줄 수 있는 사람이라는 것을 확신 시켜 주었다. 이를 통해 또 나도 다른 사람에게 긍정적 영향을 줄 수 있는 사람이 될 수 있다는 것을 확신하게 되었다.

내 주변의 사람들은 이미 리더의 사람들이었다. 목소리로, 글로, 자신이 전하고자 하는 메시지를 사람들에게 전하고, 자신이 가진 재능으로 다른 사람들에게 변화를 심어주는 사람들이었다. 나 또한 그런 능력이 있었음을 새롭게 알게 된 후 '내가 다른 사람을 위해 할 수 있는 것은 무엇이 있을까?' 그리고 '사회를 위해 나는 무엇을 할 수 있을까?' 등으로 계속 고민하며 찾아나갔다. '내가 잘할 수 있는 것'에 대해 찾다 보니 '글쓰기'와 '새벽 기상'이 있었다.

곧바로 새벽 기상으로 변화를 꿈꾸는 이들을 모아 '우주 최강 미라클 모닝' 모임을 주최하고, 내가 운영하는 플랫폼인 '우주 최강 꿈 메이커' 커뮤니티에서 내가 읽고 좋다고 생각하는 책으로 독서 강연을 하기 시작했다. 그 강연에 참여한 사람 중 한 명이 내가 자신이 닮고 싶은 사람이라는 말에 나는 사회적 사명감이 더 커졌다. 내가 누군가에게 롤 모델이 된다는 것은 굉장한 경험이었다. 더 똑바로 살아야 한다는 생각도 들었다.

나는 내 삶에 도움이 되는 문장들을 수집하는 재미로 책을 읽는다. 책을 읽다가 가슴에 와닿는 문장을 만나게 되면 그것은 마치 내 남은 인생을 더 탄탄하게 지탱해주는 든든한 지팡이를 하나 더 가지게 된 것 같아서다. 좋은 문장이나 말 한마디 붙잡고 더 잘 살 수 있다면 그 얼마나 멋진 자원인가. 그렇게 매일 지혜의 문장들을 발견하고, 일상 속에서 배우는 한줄 한줄을 다른 사람에게 전할 때 나는 상대방에게 도움이 되는 메시지를 전하는 메신저가 되는 것이다.

이 책을 읽는 사람들 모두 잘하는 것이 하나씩 있을 것이다. 나는 새벽 기상에 대한 재능이 있다. 하지만 요리에 대한 재능은 없다. 또 다른 누군가는 새벽 기상에 대한 재능은 없을지라도 요리에 대한 재능이 있을지 모른다. 각자가 가진 역량은 모두 다르다. 그렇기 때문에 이 세상이 서로 균형과 조화를 이루며 돌아가는 것이다. 우리 모두는 자신이 가진 재능을 발전시킬 필요가 있다. 스스로 자신의 능력을 업그레이드시키기 위해서 할 수 있는 노력을 들이고 그 능력을 원하는 타인에게 도움을 준다면, 그 자체가 다른 사람을 이끄는 리더이다. 타인을 변화시키고 싶다면 자신부터 키워보자. 스스로가 변화된 만큼 세상을 위한 영향력은 점점 더 커지게 될 것이다.

세상을 이끄는 사람들이란 이 세상을 발전시키는 사람이다. 더 자세하게는 더 나은 삶을 살기 위해서 노력하는 사람들에게 내가 가진 역량으로 도움을 줄 수 있고, 사회를 위해, 타인의 행복을 위해 더 좋은 행동들을 할 수 있는 사람들이다. 새벽에 일어나 꼭 책을 읽지 않더라도 음악이든, 요리든, 운동이든, 각자가 가진 재능을 더 좋게 발전시켜 타인에게 역량을 펼칠 수 있다면 그 분야의 리더이고 세상을 변화시키는 메신저라고 자신 있게 말할 수 있다.

꿈꾸기 전에 알아야 할 것들

이경진

무언가를 시작하기 전에는 두려움이 있다.
위험하지 않을 기회가 있다.

그러나 어떤 일에 뛰어들거나 열심을 들일 때
가장 먼저 알아야 할 것이 있다.

이것을 모르면
계속 웅크리고 있을 수밖에 없다.

그것은 내가 나를 믿고 나아갈 때
우주가 나를 돕기 위해 움직인다는 것이다.

온 우주를 확실하게
내 편으로 만들기 위해 내가 해야 할 것은
이루어질 것이라는 믿음과 목표를 향한 열정,
그리고 그 꿈에 대한 설레는 상상이다.

내 목표에 대한 믿음과 행동 안에서
이 모든 것이 하나씩 만들어진다.

한 발 앞에 성공이 있다고 했다.
꿈을 꾸기 시작하고
한 발씩 더 나아가다 보면

내가 미처 생각하지 못한 일들이
거짓말같이 내 앞에 하나씩 나타난다.

예상치 못한 만남, 번뜩이는 아이디어,
생각을 실현하게 해주는 기회들….

그렇기에 삶은 살아볼 만하다

꿈도 꾸어볼 만하다.

내가 포기하지 않고

계속 도전할 자신만 있다면,

나의 삶은 내가 상상하던 꿈과 만나

얼마든지 멋진 삶이 되게 된다.

4장

새벽 시간을 온전히
내 것으로 만드는 방법

책을 통해 작가와 대화하기

책을 읽기 시작한 지 햇수로 20년이 훌쩍 넘었다. 하지만 제대로 읽기 시작한 건 10년이 채 되지 않는다. 사람의 기억은 매일 사라진다. 이 때문에 며칠 동안 책을 읽지 않으면 머릿속에 있는 지식은 점점 없어져 텅 비어 가는 느낌이 든다. 어느 날 머릿속이 점점 비는 느낌이 들었다. 나는 딸에게 책장에 꽂혀있는 책 중 재미있어 보이는 것으로 책 한 권을 가져와 달라고 부탁했다.

딸은 김준범 작가님의 『아내 수업』이라는 책을 갖다 줬다. 결혼 후 오랜 기간 열심히 일만 했던 남편이 어느 날 아내가 난소암에 걸렸다는 것을 알게 되었고, 그때부터 자신의 아내에 대해 다시 알아가는 내용이다. 그동안 무심했던 '아내의 시간'에 대해 새롭게 알게 된 것을 소소하게 풀어내고 있다. 책을 읽으면서 김준범 작가의 아내에 대한 사랑이 느껴졌다. 또 김준범 작가님의 아내분은 영혼이 아름다운 분이라는 것도 알게 되었다. 어느새 나도 책 속으로 빠져들어 김준범 작가님 부부 옆에 같이 앉아 시골 밤하늘의 은하수를 올려다보기도 하고, 아내를 보는 김준범 작가님의 시선을 구경했다. 머릿속을 채우겠다고 읽었는데, 책을 다 읽고 난 뒤엔 마음속이 행복으로 채워지고 따뜻해졌다.

사람은 매일 밥을 먹고 몸에 에너지를 채운다. 마찬가지로 머리와 가슴에 좋은 영양분을 채우기 위해서라도 매일 책을 읽어야 한다. 책을 읽을 때 밑줄을 그어가며 처음부터 끝까지 완독할 필요는 없다. 읽기 어려운 책을 붙잡고 진땀을 빼며 읽을 필요도 없다. 한 책에서 딱 한 문장만 내게 적용할 수 있으면, 한 문장에 크게 공감하고 마음속에서 붙잡고 살아갈 수 있다면 그 책을 읽는 데 성공이다. 나도 그렇게 내 인생을 더 풍요롭게 해줄 문장을 수집하기 위해 책을 읽는다. 공부하기 위해 책을 읽으려 하기보다는 내가 알지 못한 세상을 구경하는 재미로 책을 읽는 것이다.

또한, 책은 한 시대를 사는 저자들 혹은 몇 시대를 넘나드는 저자들과의 깊은 대화를 나누는 도구가 되어준다. 그들의 일상에서 벌어지는 생각, 깨달음 등이 내가 행동하는 데 큰 영향을 준다. 비록 직접 대면하여 만나지는 못해도 책 안에서 얼마든지 대화가 이루어질 수 있다. 같은 상황 속에서도 서로 다른 방법들로 대처해 나가는 상황들을 보기도 하고 나보다 더 나은 방법들을 배우기도 한다. 어떤 책은 어지러운 마음을 위로해주기도 하고, 또 어떤 책들은 단 한 줄만으로도 내게 가르침을 준다. 책을 읽기 시작한 초기에는 내 생각과 다른 책이 읽기 싫고 거부감이 들었다면 이제는 "책은 우리 내면의 얼어붙은 바다를 깨는 도끼여야 한다"라는 카프카의 말처럼 '도끼'와 같은 책을 받아들일 수 있게 되었다. 오히려 '내 생각을 깨부수는 책'이 읽고 싶어진다고 해야 더 정확하다.

한번은 어느 독서 모임에서 프란츠 카프카 작가의 『변신』을 읽은 적이 있다. 그 책은 내게 카프카가 말하는 '도끼'와 같은 책이었다. 그 책을 읽고 처음에는 주인공 '그레고리'가 왜 벌레로 변하는지 도통 이해되지 않았다. 나중에서야 은유법으로 쓰였다는 것을 알고 나니 마치 내 머릿속에서 새로운 문이 활짝 열리듯 모든 장면이 이해가 되었다. 그레고리가 벌레로 변하게 된 장면이 열심히 일만 하던 그레고리가 몸이 쇠약하게 되자 벌레로 변했다고 표현된 것으로 다시 읽었다. 몸이 아파진 그레고리는 가족들에게 짐이 되어버렸고, 그제야 그의 가족들이 주인공에게 왜 그런 반응을 보였는지 하나둘 다시 알게 되었다. 가장의 역할인 돈을 버는 능력이 상실되자 그의 존재 자체가 무의미해진 주인공의 인생이 참으로 마음이 아팠고, 돈을 벌지 못하니 가족들에게 벌레가 된 사실이 슬펐다. 이 장면에서 얼마나 많은 가장들이 그레고리와 같은 현실을 겪고 있는지 적나라하게 느껴졌다. 나아가 나 또한 그렇게 살고 있진 않은지 생각해보는 계기도 되었다. 그리고 이제는 너무 앞만 바라보면서 열심히만 살기보다 남은 인생의 순간들을 더 잘 즐기며 살아야겠다는 다짐도 하게 되었다.

이처럼 내 생각을 열어주는 책을 만나게 되면 내 머릿속에서 새로운 세상이 열린다. 그때의 느낌은 하나의 문을 활짝 열어젖힌 듯 신선하다. 책에서 감명받은 문장이 내 사고를 변화시키고 나의 일부로써 내 안에 스며드는 듯하다. 책 한 권을 읽는 시간은 사람마다 다르겠지만, 나는 보통 책 한 권을 앞 장부터 끝까지 읽고 나면 대략 두어 시간쯤 걸리는 듯하다. 누구의 방해도 받지 않는 새벽 시간에 책의 마지막 장을 덮고 나면 해가 떠오르기 시작한다. 밝아오는 동쪽 하늘을 기점으로 하늘은 점점 더 밝아지고 세상은 깨어난다.

책은 확실히 내 인생을 더 풍요롭게 해준다. 새벽에 펼친 책을 읽는 지금 이 순간부터가 내가 앞으로 살아갈 날들의 출발점이다. 현재의 생각을 어느 지점에 가져다 놓는지에 따라 내가 앞으로 어떤 삶을 살게 되는지 정해진다. 책에서 한, 두 문장이라도 좋으니 내 머릿속 또는 가슴속에 새겨두며 내 생각을 더 좋은 출발 지점들 위에 세우도록 하자.

글을 쓰며 정리하는 삶

　나는 돌아가신 어머니와의 추억이 많지 않다. 이미 돌아가셨기 때문에 추억을 더 만들 수도 없다. 애석하게도 내 어머니는 일기를 쓰지 않으셨다. 어머니의 일상 속에서 일어나는 자신의 이야기를 남겨놓질 않으셨기에 나는 조각조각으로 떠오르는 기억 속에서 어머니의 마음을 딸의 입장에서 혼자 추측할 뿐이었다. 어머니라는 존재가 사무치게 그리울 때는 실오라기 같이 조각난 기억만 붙잡은 채 내 온 마음을 다 채우려 했다. 그러나 온전히 채워지지 않는 마음속 공간이 허전해 그저 속으로 울음을 삼킬 수밖에 없었다.

　나는 내 아이들에게 그런 슬픔을 남겨주긴 싫었다. 세상을 떠난 이후 내가 남겨놓은 기록들을 보고 나에 대한 추억들을 간직하면 좋겠다는 생각이 들었다. 그리고 아이들에게 내 생각을 전할 수 있다면 그것도 정말 감사한 일이라고 생각했다. 그렇게 새벽에 일어나 조금씩 글을 쓰기 시작했고, 어느새 다른 사람들에게 호평을 받을 만큼 실력이 점차 늘어가는 것이 느껴졌다. 글에 점점 자신감이 붙는 것도 같았다.

물론 혹평도 있었다. 한번은 어느 분께 내 글에 대한 지적을 받았던 적이 있었다. 그 말을 듣고 나니, 대중에게 내 글을 공개하는 것이 부끄러워졌다. 더 잘하려고 하면 오히려 더 못한다는 말이 있듯이 잘 쓰려고 하다 보니 오히려 더 못 쓰게 되었다. 그당시엔 '내가 글을 정말 못 쓰나 보다' 하는 생각이 들었다. 한번 그렇게 생각하니 글쓰기에 대한 자신감이 점점 없어졌다.

글쓰기에 슬럼프를 겪던 중 서점에서 홍승은 작가의 『당신이 글을 쓰면 좋겠습니다』라는 책을 접하게 되었다. 오즈는 글 쓰는 게 너무 어렵다고 호소하던 사람이다. 4주 동안 딱 한 번 짧은 글만 쓰고, 수업에도 몇 번 빠졌다. 그런 오즈가 다섯 번째 수업에 '자위'라는 대단한 제목의 글을 발표했다. 그날 모임에서 읽은 책은 홍승희 작가의 『붉은 선』이었다. 이 책은 자위, 섹스, 성 노동 등 다양한 섹슈얼리티 경험을 진솔하게 풀어낸 에세이이다. 오즈는 책을 읽고 나니까 자위 정도는 용기도 아니라는 생각이 들었다며 호탕하게 웃었다. 이 책을 읽고, 홍승희 작가의 글이 오즈에게 용기를 준 것처럼 내 글이 누군가에게 글을 쓸 수 있는 용기를 주는 글이 되어도 좋겠다는 생각이 들었다.

내가 글을 쓰기 시작한 이유는 본래 내 아이들을 위해서였고, 나를 위해서였다. 그 생각이 들자 나는 다시 한번 글을 쓰는데 마음이 편안해졌다. 그 이후부터는 다른 사람들처럼 잘 써야 한다는 압박에서 벗어나 자유롭게 글을 쓸 수 있게 되었다.

글을 써야 하는 동기를 다시 찾았다. 언젠가부터 글을 쓰면서부터 내게는 세상을 보는 관점 하나가 더 생겼다. 일상에서 글의 소재로 쓸 수 있는 글감들을 찾게 된 것이다. 내 생각에만 머무르는 것이 아니라 다른 사람의 입장에서도 생각할 수 있게 되었고, 내가 보는 사물을 보이는 대로가 아닌 그 속까지 들여다보려고 노력했다. 돌 틈 사이에서 핀 작은 꽃 한 송이, 길을 걸어다니며 만나게 되는 개성 있는 사람들의 모습, 내 아이들의 말 한마디 한마디까지 내게는 모두 다 글감이 되었다. 이렇게 삶에 큰 재미를 주는 글쓰기를 하마터면 그만둘 뻔했다. 그저 내 글이 남들에게 잘 보이지 못할 거라는 확실하지도 않은 생각으로 말이다. 명심해야 하는 것은 글쓰기의 첫 번째 이유는 나를 위함이다. 그다음이 읽는 사람을 위하는 것이다. 일단, 나를 위하는 글쓰기를 하고 두 번째가 반복적으로 보완함으로써 상대방을 위하는 글로 완성해 내는 것이다.

한번은 나의 멘토님 중 한 분이신 기성준 작가님의 권유에 용기를 내어 어린 시절의 상처받았던 삶을 글로 써서 공개한 적이 있다. 처음에는 어린 시절의 아픔을 공개한다는 것이 망설여졌으나 이내 많은 사람들이 나의 글을 보고 자신의 과거와 같은 일을 겪었다며 공감한다는 글을 남겨주었다. 그리고 나의 이야기를 통해 위로를 받았다는 글도 있었다. 결국, 가지고만 있으면 아프기만 했을 시간을 글로 풀어냄으로써 스스로 과거의 본질을 바꾸어놓은 것이다. 그 글을 처음 쓸 때, 당시 겪었던 좋지 못했던 기억이 떠올라 스스로 연민의 감정이 들어 많이 울었다. 하지만 나와 같은 사람들이 많았다면서 위로가 된다는 말에 오히려 내가 더 많은 위로를 얻었으며, 반복적으로 과거의 글을 쓰면서 내 감정도 점점 더 덤덤해지고 홀가분해졌다.

얼마 전엔 나의 과거 일을 토대로 동화책을 만들었다. 아버지

별의 아기별을 향한 비교와 비난들로 아기별의 꿈이 점점 사라져 갔지만, 장성한 아기별이 자신의 늙어 쇠약해진 아버지별을 이해하게 되고 자신의 꿈을 찾아 도전하는 내용이었다. 그리고 이 책은 이제 막 청소년기에 들어간 딸과 함께 만들었다. 내가 쓴 글을 토대로 그림을 그리고 함께 색칠하는 그 시간 동안에 딸이 나의 과거를 이해하는 시간도 되었다.

그 이후 기성준 작가님의 글쓰기 수업에 참여했던 나는 어린 시절의 이야기를 한 번 더 적어낼 기회가 있었다. 어린 시절의 글을 쓰면서 꿈이 없는 어른들도 많이 있음을 깨닫게 되었고, 더 이상은 꿈이 없던 과거의 내 어린 시절이 슬프지만은 않게 느껴졌다. 나의 소감을 들은 기성준 작가님은 내게 이렇게 말해주었다.

"이경진 작가님, 앞으로 다른 사람을 위해서 할 일이 아주 많습니다."

나는 사람들에게 밝은 모습만 보이고 싶었고 긍정적인 글만 쓰고 싶었다. 하지만 힘든 시절의 글을 쓰지 않았다면, 여전히 어린 시절의 내가 불쌍하게만 느껴졌을 것이다. 이때의 경험으로 힘든 과거의 글은 나를 다시 바로 세우는 글이 되었고, 힘든 상황에 있는 다른 사람도 일으켜 세우는 글이 된다는 것을 깨달았다.

어떤 이야기든 좋다. 사소한 경험이라도 글의 소재가 될 수 있다. 같은 경험을 한 다른 이들에겐 공감이나 위안을 주기도 하고 더 나아가 문제 해결 방식까지도 전해줄 수 있다. 그 경험을 하지 못한 이들에겐 새로운 관점을 선사하는 법이다. 세상엔 법정 스님이나 마더 테레사 또는 스타강사와 같은 삶도 있지만, 옆집 아주머니나 이웃집 할머니와 같은 삶도 있다. 어떤 게 특별하다고 구분 지을 수 없다. 누구나 내가 가진 경험이야말로 다른 사람이 갖지 못한 특별한 이야기이다. 거창한 큰 이야기가 아니더라도 누군가에게 빙그레 웃음을 줄 수 있는 이야기라면, 그 이유 하나만으로도 글을 써야 하는 이유는 충분하다.

3

하루 시작의 힘을 얻는 산책

　나는 과거에 기상 습관을 잡기 위해서 일어나 눈 뜨자마자 공원에 나갔다. 집에서 조금만 올라가면 산과 이어지는 공원이 있다. 공원 전체가 내려다보이는 벤치도 있고, 그 앞에는 벚나무 한 그루가 우뚝 솟아있다. 이른 새벽의 산 공기 냄새를 맡으며 벚나무 잎이 흔들리는 공간에 앉아 있다 보면 머릿속 가득했던 걱정들이 하나둘씩 나뭇잎을 흔드는 바람결에 함께 날아가는 느낌도 든다.

　기상 습관을 잡기 위해 나간 공원에서 시원한 바람을 맞으며 기분 전환을 하기도 하고, 떠오르는 일출을 보며 마음을 가라앉히곤 했다. 해가 뜰 때쯤에는 새들이 모두 잠에서 깬 듯이 한꺼

번에 지저귄다. 조용하다가 여기저기에서 새들이 노래할 땐 마치 자연의 축제에 온 듯하다. 잠시 후에는 동쪽 하늘이 점점 환해지고 가로등 불빛처럼 노란 해가 나타난다. 밝아진 동네에는 사람들이 한두 명씩 나타나 공원의 트랙을 따라 달리기를 한다. 벤치에 앉아 점점 밝아지는 공원의 그 모습을 보다 보면, 내 하루를 힘차게 시작하게 해주는 원동력이 되었다.

어느 때는 공원에 있는 커다란 벚나무에 나의 고민을 토로했다. 그 나무는 아무 말 없이 나의 이야기를 모두 들어주었다. 아무도 내 이야기를 엿듣는 사람이 없는 새벽의 공원은 훌륭한 고민 상담소였고, 그 안에 있는 벚나무는 나를 가장 잘 아는 상담가였다. 한번은 딸과 함께 공원에 갔다. 처음 내 고민을 들어주었던 때부터 내 전용 상담가로 정한 벚나무 앞 벤치에 딸과 함께 앉았다. 나는 딸에게 벚나무를 '엄마 나무'라고 소개한 뒤 고민이 있거나 힘든 일이 있을 때 이 나무와 이야기하고 집에 오라고 했다. 나중에 엄마를 보지 못하게 될 때도 엄마 나무에게 털어놓으면 다 들어줄 거라고도 했다. 딸은 내 말을 듣고는 배시시 웃으며 알겠다고 했다. '엄마 나무'라며 벚나무를 아이들에게 소개한 것은 내 아이들이 나중에 엄마를 보고 싶을 때, 엄마의 글을 읽으며 마음을 달랠 수 있길 바라는 마음과 같은 마음이었다.

아이들에게도 나무를 하나씩 골라보라고 했다. 딸은 '엄마 나무' 바로 옆의 나무를, 아들은 멀찍이 떨어진 곳에 있는 커다란 나무 하나를 골랐다. 아이들도 언젠가 누구에게 말 못 할 고민이 있을 때 이렇게 자신만의 상담소를 찾아와서 털어놓고 비워내길 바라는 마음이다. 그리고 훗날, 나도 아이들이 그리워질 때 아이의 비밀 사연을 들은 나무에게 찾아와 아이와 이야기하듯 주저리주저리 말하게 될 때도 있을 것이다.

아무도 없는 새벽, 나만의 훌륭한 고민 상담소

새벽의 공원을 혼자 걷다 보면 가끔 엉뚱한 상상도 하게 된다. 공원이 전부 내 것인 듯한 착각이다. 공원에 심겨있는 나무와 꽃 그리고 잘 정비된 화초들을 아무도 없이 혼자 볼 수 있는 것은 새벽에 나온 사람의 특권이다. 작은 공원이지만 등산로와 연결되어 있고, 원두막 모양의 정자는 꽤 근사하다. 마치 동화 속에 나오는 비밀의 화원과 같이 공원의 이곳저곳을 만끽할 수 있다. 잘 정비되어있는 청정한 공원의 계단 길과 산을 오르며 새록새록 동심이 피어오르기도 한다.

새벽에 나온 사람만이 누릴 수 있는 탁 트인 전경

운이 좋으면 또 하나의 보물을 발견하게 된다. 바로 자연에서 만나는 일출이다. 동쪽에서 떠오른 태양 빛에 아파트 건물들의 벽은 하나둘 황금빛으로 물드는데 나는 이 찬란한 빛 속에서 새벽의 자연과 하나가 될 수 있다. 시간이 어느 정도 지나면 처음에는 혼자인 새벽의 공원이지만 나중에는 점점 사람들이 많아진다. 공원에 비치된 기구로 운동하는 사람들, 개와 산책 나온 사람들, 빠른 걸음으로 조깅을 하는 사람들로 활기가 돈다. 하루의 시작을 신선한 새벽공기와 함께하는 사람들을 보고 나도 어느새 천천히 걷던 걸음이 달리기로 바뀌고 하루를 시작하는 마음가짐이 긍정적으로 바뀌게 된다. 새벽 공원을 산책하는 모닝 루틴 하나로 하루가 훨씬 더 활기차진다. 매일 새벽, 공원에서 맞이하는 해는 나에게 새로운 오늘을 살게 하고 열심히 살아야겠다는 마음을 선사해 준다.

4

자신을 돌아보는 명상

새벽은 하루가 시작되는 시간이다. 새벽 시간을 어떻게 사용하느냐에 따라 여유 있는 아침을 보낼 수 있는지에 대한 여부가 결정된다. 새벽에 일어나기 전에는 아침에 일어나자마자 바쁨의 연속이었다.

"애들아 얼른 일어나!"
"헉! 엄마, 지금 몇 시야?"
"늦었어 8시야! 얼른 일어나! 빨리 밥 먹고 학교 가!"

과거 아침이라면 흔히 볼 수 있는 상황이다. 당시에는 내 정신을 챙길 새도 없이 바쁘게 움직이고 나면 한바탕 전쟁이 휩쓸고 간 듯한 느낌이 들었다. 아이들이 학교에 가고 나면 내 머릿속이 그런 것처럼 집안도 전쟁이 휩쓸고 간 자리다. 여기저기 곳곳에 떨어져 있는 물건들을 정리하고 쓸어낸 후 의자에 털썩 앉을 때 비로소 "휴우" 하고 숨을 한번 고를 수 있었다. 그러나 지금의 새벽 시간은 이전 아침과는 전혀 다르다. 아침의 일과를 시작하기 전, 조용히 나와 주고받는 대화 시간을 갖기 때문이다.

새벽 시간에 사람들이 자주 하는 것 중에는 명상이 빠지지 않는다. 명상이 마음을 가다듬는데 좋다는 이야기를 자주 들었기에 시도해보기로 했다. 명상에 대한 이야기는 『미라클 모닝』의 책에서도 나온다.

"명상은 스스로에게 매일 줄 수 있는 선물이다. 평화 속에 머물고, 감사함을 경험하고, 일상의 스트레스와 걱정들로부터 자유로워지는 시간이기 때문이다. 매일의 명상 시간은 문제들로부터의 일시적인 휴가와도 같다. 물론 하루의 명상을 끝낸 뒤에도 그 문젯거리들은 여전히 남아 있겠지만, 중심이 잡히고 문제를 해결할 수 있는 능력이 더 생겼음을 발견하게 될 것이다."

명상이 좋다는 이야기는 익히 들어 알고 있었지만, 과연 어떻게 하는 것인지 내가 하는 방법이 맞는지는 몰랐다. 눈을 감고 있다 보면 머릿속에서 잡념들이 떠올라서다. 이 생각 저 생각들이 사방에서 올라오다 보면, 오히려 머릿속이 더 시끄러워진다. 마이클 싱어의 『상처받지 않는 영혼』에서도 "당신의 룸메이트를 만나고 싶다면 잠시 완전한 침묵 속에서 홀로 자신 속에 앉아 있어 보라. 하지만, 곧 거기에는 침묵은 없고 끊임없는 지껄임만 들릴 것이다"라고 했다. 이처럼 명상이 쉬운 것처럼 보이지만 결코 쉬운 일이 아니었다.

사람들은 내게 문제 해결 능력이 있다고 한다. 그것이 명상 때문인지 독서 때문인지는 알 수 없지만, 고민거리가 있으면, 이따금 누군가가 외치는 듯한 깨달음의 한 문장씩을 머릿속에 떠올리곤 했다. 명상을 통해 상황을 되돌아보면 어려운 일을 더욱 쉽게 풀어가는 지혜를 얻을 수 있다. 어떤 사람은 문제가 생기면 글을 적으며 상황을 돌아보기도 하고, 어떤 사람은 책을 읽으며 복잡한 마음을 가라앉힌다고 한다. 고민거리가 있으면 단순하게 그 문제에서 빠져나오면 된다. 잠깐 문제에서 멀어져서 일상을 살다 보면 어느 순간 내 머릿속에서 갑자기 고민을 해결해 줄 명언이 떠오르기도 한다. 그럴 땐 마치 사이다를 마신 것처럼 순식간에 속이 개운해지는 경험을 하게 된다. 물먹은

솜처럼 축축 처지던 몸과 마음이 갑자기 날아가는 듯이 가벼워진다. 그때의 희열감은 정말 짜릿하다.

처음엔 명상은 눈을 감고 몸을 가만히 두며 한 자세로 앉아 집중하는 것인 줄로만 알았다. 하지만 이젠 명상은 내게 매 순간에서 할 수 있는 고찰의 시간이다. 길을 걷다가 발견한 은행나무에도 혹은 산 뒤로 해가 넘어가는 황금빛의 노을에도 인생의 진리를 찾으려 한다. 일상에서 일어나는 모든 곳에서도 깨어있으려 한다면, 책을 읽을 때뿐만이 아니라 모든 순간이 배움의 연속이다. 길을 걸으면서, 방 청소를 하면서, 혹은 책을 읽거나 음악을 들으면서도 불현듯 내 고민을 해결해 줄 한 줄의 명언들이 스쳐 지나갈 때가 있다. 그럴 때 나는 번뜩이는 번개를 만난다. 자아가 퀀텀 점프하는 순간이다. '이 말을 알게 되려고 그런 힘든 일을 겪었나 보다' 하는 생각도 저절로 들게 된다.

이처럼 명상은 바로 마음을 차분히 가라앉혀주고 고민을 해결해 주는 아주 고마운 방법이다. 명상할 때 몸을 가만히 두는 데 집중하기보다 일상을 더 깊이 들여다보고 배우는 것에 초점을 맞추어야 한다. 이를 통해 자신의 문제가 해결되었다면 내가 한 경험을 일차원적인 시각을 넘어서서 생각할 수 있는 만큼에서 더 깊게 생각해야 한다. 그로 인해 내 자아가 더욱 성장할 수 있기 때문이다. 누구에게나 똑같이 일어나는 일들 속에서도 누구는 불행해 하고 누구는 인생을 알게 된다. 그 비밀은 매일 마주하는 생각의 훈련에 달려 있다.

5

100일 프로젝트로 찾은 나의 강점

숱한 실패들과 계속된 도전으로 새벽 기상이 익숙해지자 또 다른 습관을 만들어보고 싶은 욕구가 생기기 시작했다. 영어 공부, 독서와 신문 읽기 등 성공한 사람들이 한다는 일들이 머릿속에서 차례대로 지나갔다. 새벽 기상으로 확보된 시간 동안 내가 원하는 것들을 찾기 시작했다. 이 세상엔 좋다고 하는 습관이 정말 많다. '미니멀리즘'에 관한 책을 읽으면, '1일 1개 버리기' 습관을 수행하고 싶고, '긍정 언어'에 관한 책을 읽으면 '감사합니다. 사랑합니다. 1,000번 말하기' 습관을 들이고 싶다. 또 '경제' 책을 읽으면 '가계부 쓰기'나 '경제신문 읽기'도 당장 해야 할 것만 같다.

그러나 새벽의 시간은 한정돼 있고, 어느 정도의 시간을 꾸준히 들여야만 효과를 볼 수 있다. 또한, 시간을 투자해 직접 해봐야 이것이 내가 원하는 것인지 아닌지 알 수 있다. 나는 어디에선가 '100일의 무기'라는 문장을 본 뒤로 새벽 루틴을 정할 때, 그 기간을 100일로 정했다. 독서든, 낭독이든, 필사든, 글쓰기든 100일씩 나누어 수행하다 보면 어느새 점점 익숙해지고 내게 가장 맞는 것을 찾을 수 있다.

　처음엔 '낭독', '필사', '1일 1권의 책 읽기', '감사 일기' 등의 루틴을 정했다. 새벽 시간 동안에 하는 루틴들을 100일의 기간을 두고 계속했다. 100일은 어느 것 하나가 습관으로 익숙해지는 마지막 단계이고, 사람들에게 공표하기에도 좋은 기간이다. '작심삼일'이 아닌 '작심백일'이라니 다른 사람들이 보기에도 참으로 대단한 기간이다. 100일로 미래의 가능성을 찾을 수 있다면 얼마든지 투자할 가치가 있다. 너무 짧지도 않고 그렇다고 너무 길지도 않은 시간이다.

　조성희 작가의 『뜨겁게 나를 응원한다』는 100일 필사 프로젝트로 진행하기에 좋은 책이다. 100페이지로 이루어져 있고 '마음 근육 강화'라는 타이틀로 많은 사람에게 필사하기 좋은 책으로 알려져 있다. 지인 중 한 명이 우울증에 걸려 기력도 없이 온종일 누워만 있었는데, 100일 동안 새벽에 일어나 이 책을 필사했더니 우울감이 거짓말처럼 싹 사라졌다고 한다. 이처럼 자신에게 맞는 습관을 찾는 것이 내면의 문제를 해결해 주는 하나의 열쇠가 되어주기도 한다.

나 역시 100일 프로젝트를 하고 난 뒤, 앞으로 남은 평생 계속할 수 있는 아이템을 찾았다. 바로 글쓰기다. 새벽 시간에 쓰는 글쓰기는 모호했던 내 생각을 글로 정리하며 명확하게 해주었고, 글로써 내 마음을 털어놓으니 아주 훌륭한 상담사가 따로 없었다. 글쓰기는 내게 그런 존재라는 것을 이 프로젝트를 통해 알게 되었다. 마찬가지로 무언가를 100일 동안 지속한다면 자신이 무엇을 통해 위로받고 꾸준히 할 수 있는지 깨닫게 될 것이다.

물론 새벽 기상을 한다고 해서 무조건 성공으로 이어지는 것이 아니다. 그 시간에 무엇을 하느냐가 중요하다. 매일 새벽잠과 싸워 일어난 새벽 기상으로 확보한 소중한 시간에 내게 꼭 필요한 것으로 채워 넣어야 진정한 미라클 모닝을 이룰 수 있다. 독서를 하든, 원하는 시험을 위한 공부를 하든, 시간이라는 자원을 투자할 가치가 있는 일을 해야 한다. 절대 늦지 않았으니 지금부터라도 나에게 꼭 맞는 긍정적인 습관을 찾는 여정을 떠나보자.

내가 매일 새벽길을 나서는 이유

이경진

창문을 흔드는 한겨울의 칼바람은
집에 있는 동안에도 움츠러들게 한다.
잠깐 갈등이 일다가
옷을 하나 더 껴입고 신발을 신는다.

현관을 나서니
한기가 온몸을 덮치고

옷 속을 파고드는 추위 속에서
잔뜩 웅크리면서도
나는 뚜벅뚜벅 한파 속을 걸어나간다.

한여름 장마와 태풍의 폭우 속에도
나는 여지없이 새벽길을 나선다.

우산에 쏟아지는 빗방울.
시끄럽게 내 귀를 때리지만,

아무도 없는 새벽의 공원에 도착하면
하늘과 연결된 비 오는 산자락엔
하얀 아지랑이 피어오르는 모습이 마치,
잠자던 용이 기지개 켜며 올라가는 듯하다.

그 웅장한 풍경을 사진에 담으려 해도
나를 사로잡은 위용만큼은
사진 속에 모두 담아내지 못한다.

아직은 아무도 없는 거리
드문드문 켜져 있는 가로등 불빛을 호롱 삼아
나 혼자 걸어나가는 시공간.

내 지금 상황이 어떻든,

매일 나가는 것,

그것은 연습이다.

내 인생의 좋은 날뿐만 아니라

시련들 속에서도

외면하거나 피하지 않고,

나아가는 훈련이자, 미래를 위한 장치다.

언젠가 시련의 그때가 오면

매일의 새벽길 속에서의 나를 회상하며

한 번 더 일어날 수 있길.

어떤 상황과 고난에도 핑계 대지 않고,

만나는 좌절마다 다시 일어나기.

그 속에서도 내가 할 수 있는 일들을 해나가기.

양 볼이 땡땡 얼고 뼛속까지 추운 날에도,

우산을 쓴 듯 만 듯 쫄딱 젖는 날에도,

하늘에서 쓸어내듯 쏟아지는 폭설에도,

언젠가 고난 속에 있을 내가

한 걸음 더 나아가길 바란다.

그때를 위해서 오늘 아무렇지 않게,

가능하면 더 많이 즐겁게,

다시 또 새벽길을 나선다.

오늘의 모습은

누가 알지 않아도 내가 가장 잘 안다.

미래 날들의 나를, 지금 날들의 내가,

매일 같은 모습의 새벽으로 응원한다.

5장

새벽 기상에
실패하지 않는 노하우

전날부터 시작되는 새벽 기상

　미라클 모닝은 새벽이 아닌, 전날 저녁부터 시작된다. 그렇기 때문에 전날 잠을 일찍 자야 하고, 잠자리에 들기 위해서는 자기 전 최소 한 시간 전부터는 잘 준비를 해야 한다. 그러나 많은 사람이 잠자리에 드는 시간은 그대로면서 일찍 일어나고 싶어 한다. 처음 하루 이틀은 가능할지 몰라도 오랫동안 지속하려면 어느 정도의 수면시간을 확보할 필요가 있다. 단기간 잠을 줄일 수 있겠지만 장기간 지속할 경우 분명히 실패하기 때문이다.

　새벽 기상의 기적을 경험하고 싶은 이들에게 여러 번 강조하는 부분이다. 내가 운영하는 모임의 회원 중에 새벽 기상의 습관을 들이지 못한 회원들은 모두 전날 잠을 늦게 잤다. 일찍 자는 것이 첫 번째다. 자는 시간이 꾸준해야 일어나는 시간도 꾸준할 수 있다. 그래야 습관이 된다. 기상 습관이 잡혔다면 늦게 자더라도 기상목표 시간에 자연스럽게 눈이 떠지게 된다. 수면욕과 성욕, 식욕은 생명과 연결되어 있으므로 사람의 본능 중에서 가장 세다. 사람의 DNA 유전자 속에는 원시시대 유전자가 이어져 내려오고 있다. 각종 야생 동물과 목숨을 걸고 싸우던 그 시대에서의 변화는 죽음을 의미하기도 했다. 바로 그 이유가 습관을 들이려고 할 때 3일 이상 지속하기 힘든 이유이기도 하다.

기상 시간을 당기는 일은 어려운 습관 중 하나로 오랜 시간을 도전해야 하는 장기 프로젝트이다. 절대 단기간에 되지 않으니 실패했다고 해서 좌절하지 않아도 된다. 계속된 좌절감은 우울과 포기를 부른다. 기상 시간을 앞당기는데 쉽게 시작하는 방법은 기상 시간을 30분 정도만 앞당기고 그 시간만큼 전날 일찍 자는 것이다. 나의 경우 새로운 기상 시간이 내 몸에 익숙해지게 되면 30분씩 당겼다. 무리해서 한 시간씩 앞당기면 오히려 더 힘들고 오래 걸렸다. 이 외에도 완벽한 미라클 모닝을 위해서는 전날 저녁에 꼭 필요한 일들이 있는데, 아래 열 가지를 참고하여 따라 한다면 분명 새벽 기상이 쉬워질 것이다.

① 새벽에 일어나서 할 루틴 정하기

다음 날 새벽에 일어나서 할 게 없으면 핸드폰이나 TV를 보다가 다시 자게 된다. 이를 방지하기 위해 독서든 필사든 글쓰기든 매일 할 것을 정해두자.

② 다음 날 계획표 미리 세우기

새벽에 할 정기적인 루틴 이외에 낮 동안에 해야 할 비정기적인 일들의 계획들도 미리 세워두는 것이 좋다. 다음 날 중요한 일들을 순차적으로 해낼 수 있는 체계성을 기를 수 있다. 따로 계획된 일이 없다면 내가 하고 싶은 일을 세워 보는 것도 좋은 방법이다. 그 자체만으로도 다음 날이 기다려지게 될 것이다. 스타강사로 불리는 김미경 강사는 "다음 날 시장에서 사야 할 고등어를 적어놓고 그것을 직접 사보면 그것도 굉장히 특별한 성취감이 든다"라고 말하기도 했다.

③ 집안 환경 정리

자기 전에 집 청소를 해놓고 자면 새벽에 일어나서 산뜻한 기분을 맞이하는데 큰 도움이 된다. 새벽 시간의 한 시간의 집중력은 낮의 3시간이라고 한다. 정말 졸려서 어쩔 수 없이 나도 모르게 잠을 잤다면 어쩔 수 없지만, 되도록 새벽 시간의 집중도를 위해 집안 환경을 정리해 놓고 자는 것이 좋다.

④ 잠을 깨우기 위한 아이템 세팅하기

나는 알람시계 옆에 물컵을 두었다. 그리고 그 옆에 칫솔과 치약을 두었다. 어떤 분은 잠자리에 들기 전 침대 옆에 구강청결제를 두고 바로 입에 넣는다고 했다. 이 방법이 효과가 있는 이유는 구강 세정제 혹은 치약을 입안에 넣자마자 얼얼해지는 느낌 덕분에 정신이 번쩍 들고, 어쩔 수 없이 화장실에 가서 뱉거나 헹구어야 하기 때문이다. 또 아침에 한기를 느끼지 않도록 겉옷을 준비하는 것도 하나의 방법이다. 사람은 자고 일어나면 체온이 약간 내려가 있다. 춥다고 느끼면 더더욱 이불 속에 파고들게 된다. 알람 옆에 겉옷 하나 미리 준비해두고 일어나자마자 입는 것이다. 겉옷을 입음으로써 이불을 몸에 두르는 것을 방지해준다.

⑤ 알람시계를 걸어가서 끄는 곳에 위치시키기

알람시계는 침대 옆에 두면 안 된다. 이불 속에서 알람을 끄고 바로 다시 자게 될 확률이 높다. 알람시계는 방의 맨 끝에 두고 걸어가서 끄는 곳에 놓자.

⑥ 자기 전에 일어나는 시간 열 번 외치기

자기 전에 일어나는 시간을 열 번 외치는 방법은 내가 새벽 3시 기상의 습관을 들이는데 성공을 안겨준 방법이다. 나는 자기 전에 "새벽 세 시 기상!"을 열 번 외치고 잤다. 그렇게 목소리를 내어 외친 다음 날, 알람이 울리기 전에 눈이 떠졌다. 사람의 뇌는 자는 동안에도 계속 일을 한다. 일어나고 싶은 기상 시간을 넣어 "나는 ○○시에 일어난다!"라고 열 번쯤 외치고 자면 정말 그 시간에 눈이 번쩍 떠질 것이다.

⑦ 저녁엔 소식하고 야식은 일절 끊기

저녁을 배부르게 먹거나 야식을 먹으면 다음 날이 되어도 소화가 되지 않아 더부룩하거나 몸이 부한 느낌이 들어 다시 자고 싶어진다. 속이 가벼워야 일어나는 것도 가볍다. 만약 저녁을 적게 먹어 도저히 배고파서 잠을 못 자겠다 싶으면 물을 한 컵 마시고 자도록 하자. 돌이켜보면 이제까지 늦잠을 잤던 날 대부분은 전날에 늦게 잔 때, 아니면 평소보다 많이 먹고 잔 때이다.

⑧ 저녁 약속 최소화하기

새벽 기상을 위해서는 포기해야 할 것들이 많다. 새벽 기상이 정말 절실하다면 행동도 변해야 한다. 다이어트를 할 때 식사 약속을 최소한으로 잡는 것과 마찬가지로 새벽 기상을 목표로 할 때도 저녁 약속은 잡지 않는 것이 좋다. 새벽 기상이 내 몸에 익숙해졌다면 전날에 늦게 자도 크게 지장이 없지만 새벽 기상 습관이 익숙해지기 전이라면, 친구들에게 미안하지만 늦은 시각에 보는 약속은 어렵다고 단호하게 선언하고 일찍 자는 습관을 들이도록 하자.

⑨ 매일 자는 시간 지키기

매일 자던 시간을 놓치게 되면 오히려 잠이 오지 않는다. 그럴 때면 밤잠을 설쳐 밤을 꼬박 새우기도 한다. 사람의 생체 리듬은 정직하다. 자던 시간이 되면 신호가 온다. 그때 자야 한다. 자던 때를 놓쳐 이리 뒤척 저리 뒤척하며 고통스러워하기보다 잠자는 시간을 지키는 것이 가장 현명한 방법일 것이다.

⑩ 자기 전 자신만의 루틴 정해 놓기

자기 전 한 시간 정도는 잘 준비를 하는 시간으로 정해 놓는 것이 좋다. 나의 경우 자기 전 집 청소를 하는 것을 루틴으로 정해 놓았다. 보통 저녁 9시에 잠을 자는데, 한 시간 전인 8시부터 집 청소를 하기 시작했다. 잘 준비 시간은 대략 한 시간 정도 걸린다. 자기 전 루틴이란 내 몸에 잠 잘 준비를 하고 있다고 인식시켜 주는 것이다. 클래식 듣기, 따뜻한 물로 샤워하기, 심신을 안정시켜주는 허브차 마시기, 아로마 마사지하기 등 여러 가지 시도해보며 내게 맞는 것을 찾아보자.

2

이대로만 하면 얼마든지!

"나는 매일 나와 싸우고 매번 진다. 나는 내 생각보다 더 강한 사람임을 매일 확인한다."

언젠가 한 인터넷 카페에 올라온 글을 보았다. 처음에는 이 말이 이해가 안 되었지만 금방 '피식' 하고 웃음이 나왔다. 세상에서 가장 힘이 센 '본능의 나'를 이긴다면 그 사람이야말로 이 세상에 못할 것이 없는 가장 강한 사람이다.

매일 아침, 알람이 울리면 그때부터 나는 나와 싸우기 시작한다. 잠을 더 자고 싶은 욕망과 일어나야 한다는 이성의 싸움이다. 대부분 욕망이 이긴다. 이 힘센 욕망과 싸우려고 하면 힘들다. 욕망을 꺾으려 하지 말고 달래야 한다. 욕망이 이성에게 협조할 수 있도록 더 큰 비전을 세워두는 것이다. '난 일어날 거야. 난 변화할 거야. 꼭 성공할 거야'와 같이 잠자리에서 눈을 떴을 때 가장 먼저 보이는 곳에 크게 다짐의 말을 써보자. 내가 생각하기에 성공한 모습의 사진을 붙인 비전 보드도 좋고 정신이 번쩍 드는 강렬한 명언들도 아주 좋다. 사람의 뇌는 상상만으로도 그 경험을 해봤다고 인식한다. 이미지를 상상해 본다면 이미 체험자이고 경험자다. 그런 의미에서 나는 성공한 사람이 되는 것이다.

하지만 생각과 몸의 속도 차이는 날 수밖에 없다. 생각은 무게가 없다. 반대로 몸은 무게가 있다. 사람의 몸은 생각보다 무거워서 속도가 생각보다 느린 게 당연하다. 그렇기 때문에 생각보다 잘 안 된다고 해서 '나는 뭘 해도 안 되는 사람이야'라고 포기하지는 않길 바란다. 시간을 두고 하나씩 하나씩 성공의 경험을 쌓아가자. 내 몸을 단련시키면 분명히 점점 더 익숙해진다. 다음 장에는 그동안 내가 효과를 톡톡히 보았던 기상 방법을 적어보았다.

① 침실 환히 밝히기

새벽에 일어나자마자 불을 환히 밝히자. 새벽 시간이 내 몸이 일어나는 시간임을 확실히 인식시켜 줄 것이다.

② 기지개 켜기

가볍게 기지개를 켜며 스트레칭 해주면 몸이 시원해질 뿐만 아니라 잠을 깨는 데에도 큰 도움이 된다. 또한, 내 몸의 세포들을 쫙쫙 늘린다면 몸과 마음이 상쾌한 아침을 맞이할 수 있다.

③ 일어나자마자 물 한 컵 마시기

사람의 몸은 자는 동안에도 수분을 배출해낸다. 자기 전에 마시는 물 한 컵과 자고 나서 마시는 물 한 컵은 자는 동안에 손실되는 수분을 보충해 주어 심혈관 질환을 예방해 준다. 나아가 치매 예방, 피부미용, 자는 동안에 몸속 가득 찬 노폐물을 청소해주는 데에도 효과가 있다.

④ 정신이 번쩍 드는 명언 한 문장 외워두기

나는 '새벽 기상' 커뮤니티에서 기상 습관을 들였는데, 그곳의 운영자는 『잘되는 사람은 무엇이 다른가』의 저자 유대호 코치님이었다. 그 이유로 커뮤니티의 상단에는 그분의 책 제목이 공지되어 있었고, 나도 모르게 매일 책의 제목을 보게 되었다. 그 때문이었는지 어느 날 잠에서 깬 후 다시 잠이 들려던 순간 "잘되는 사람은 무엇이 다른가!"라고 외치곤 그 소리에 놀라 벌떡 일어났다. 또 어느 날은 내가 가장 좋아하는 『매일 아침 써봤니?』의 저자인 김민식 피디님을 만나게 되었다. 김민식 피디님은 내게 "매일 하루는 내게 오는 선물입니다"라는 문구를 적은 사인본 책을 건네주었다. 이 글은 한동안 내 좌우명이 되었다. '매일 오는 하루는 무엇이든지, 얼마든지 할 수 있는 기회의 선물'이라는 뜻이다. 그 이후로 매일 아침 "오늘 아침 일어날 수 있으니 이 얼마나 행운인가!"라고 생각하며 기상을 하니 행복한 마음으로 아침을 맞이할 수 있었다.

"나는 할 수 있다!", "나는 원하는 것을 해낼 것이다!", "나는 오늘 나를 이기고 내 인생을 변화시킬 것이다!" 등으로 스스로 이루고 싶은 혹은 감명 깊은 명언을 한 줄씩 외워두자. 침대 옆 벽에 써 붙여도 좋다. 분명 그날의 아침을 정신이 번쩍 들게 혹은 행복하게 열 수 있을 것이다.

⑤ 눈 뜨면 바로 보이는 곳에 비전 보드 놓기
성공한 사람들은 대부분 집안에 '비전 보드'가 있다고 한다.

비전 보드란 내가 갖고 싶은 것이나 이루고 싶은 것들을 사진으로 출력해 붙여 놓은 보드판을 말한다. 이 보드판을 자는 곳 근처에 두면 뇌가 가장 생생할 때 잠재의식으로 내가 원하는 목표를 집어넣는 효과가 있다. 잠들기 전과 일어난 후에 무의식적으로 가장 쉽게 목표를 넣는 효과가 있으므로 이 비전 보드를 눈 뜨면 바로 보이는 곳에 놓아보자.

⑥ 동기부여 영상을 보며 자극받기

나는 작심삼일형인 사람이었다. 습관을 만들어가면서부터는 실패하지 않기 위해 '나는 작심 일일형이다!'라고 다짐했다. 그 이후 매일 작심하며 새벽마다 나를 다시 세팅했다. 알람이 울리면 그 알람을 끄고 매일 책상에 앉아서 동기부여 영상을 시청했다. 현재 미라클 모닝 모임에도 매일 동기부여 영상의 링크를 올리고 있는데, 영상을 통해 자극을 받아 포기하지 않는 하루를 보낼 수 있다.

⑦ 깨어나자마자 이불 정리하기

기상 후 다시 이불 안으로 들어가는 것을 방지하는 강제적 환경 설정이다. 매일 아침 이불을 정리한 인증 사진만으로 자신의 인생을 변화시킨 한 청년의 예도 있다. 이불을 정리하고 보니 방이 어질러져 있는 것이 보이고, 방을 치우고 나니 담배 냄새가 방에 배는 게 싫어져 담배를 끊었다. 이 청년은 이 과정을 영상으로 담아 자신의 유튜브 채널 '한 달 인생 TV'에 공개했다. 이 영상을 통해 구독자가 4만 명이 넘는 대형 유튜브 채널이 되었을 뿐만 아니라 영상을 본 다른 사람들에게 동기부여까지 주게 되었다.

'나비효과'라는 단어가 있다. 나비의 작은 날갯짓으로 일어난 바람이 지구 반대편으로 가게 되면 토네이도가 된다는 말이다. '한 달 인생 TV' 유튜브 채널에서 청년이 보여준 '이불 정리'는 아주 작은 변화로 점점 퍼져가는 나비효과를 보여준 대표적인 예이다. 내가 어떤 일에 대해 도전과 시작을 쉽게 하는 이유도 이 나비효과를 믿기 때문이다. 어제 한 경험이 오늘 큰 도움이 되는 경우가 많이 있었다. 내일의 일도 오늘 내가 하는 경험이 바탕이 되어 큰 시너지를 낼 것이라 믿고 행동하자.

⑨ 새벽 기상 모임에 가입해 에너지 주고받기

온라인에는 새벽 기상을 원하는 사람들의 모임이 굉장히 많이 있다. 만약 당신이 나와 함께 하길 원한다면 내가 운영하는 오픈 채팅방 '우주 최강 꿈 메이커' 커뮤니티에 들어오면 된

타인을 돕기 위해 제작한 '우주 최강 미라클 모닝' 현수막

다. 매달 모임 공지를 올리고 있는데 그때 신청하면 된다. 모임의 가장 큰 강점은 다른 여러 사람과 함께 새벽 기상을 하다 보면 서로 에너지를 주고받을 수 있고, 더욱 손쉽게 습관을 만들어갈 수 있다는 것이다. 특히 실패하더라도 위로를 받으며 훌훌털고 다시 도전할 수 있도록 버팀목이 되어준다. 단, 내가 그만큼 적극적으로 뛰어들어야 한다. 세상의 모든 것은 내가 뛰어드는 만큼 가져간다. 뛰어들지 않으면 모임에 가입하더라도 방관자가 될 수밖에 없다. 절실히 원한다면 참여하고 뛰어들어야 한다. 그래야 내가 발전할 수 있다.

⑩ 낮잠은 짧게 자기

기상 습관을 만드는 초기에는 몸이 피곤할 수 있다. 10분에서 30분 이내의 짧은 낮잠은 기상 시간 습관을 만드는 데 도움이 된다. 주의해야 할 점은 30분이 넘어가는 과도한 낮잠은 피해야 한다. 낮의 할 일에도 영향을 줄 뿐만 아니라 밤에 잠이 안 오는 부작용도 있다. 오래 자면 내 몸이 낮잠을 밤잠으로 인식해서 자도 자도 부족하게 느껴지고 몸이 늘어진다. 어느새 두, 세 시간을 자게 되고 낮의 몇 시간이 훅 지나갈 수도 있다.

하나의 팁으로 '구글 타이머'라는 것이 있다. 이 타이머는 알람 소리가 매우 크다. 다이얼을 끝까지 돌리면 최대 한 시간 뒤에 알람이 울린다. 나의 책상엔 이 타이머가 항상 놓여 있다. 잠깐의 낮잠을 잘 때나 다른 모닝 루틴 혹은 집중해야 할 일을 할 때도 매우 유용하게 쓰인다. 이 구글 타이머를 맞춰놓고 낮잠을 청해보자. 잠깐 자는 정도로 컨디션을 회복한다면 낮잠을 자지 않은 날보다 훨씬 더 생생한 오후 시간을 보낼 수 있을 것이다.

책상 위 항상 비치된 구글 타이머

3

벌떡 일어나는 '핫, 둘, 셋' 법칙

어려서부터 '나는 무엇을 해도 안 돼'라는 부정적인 생각을 하곤 했다. 30대 중반이 되어서야 늦잠을 고치고 처음으로 '아니, 진짜 내가 해낸 거야? 이 방법대로라면 다른 것도 할 수 있겠는데?'라는 긍정적인 생각을 하게 되었다.

새벽 기상을 시작하면서 이제까지 살던 방식이 아닌 전혀 새로운 미래가 내 눈앞에서 펼쳐졌다. 내 의지력을 발휘해서 생긴 경험으로 나를 단단히 붙잡고 있던 '세 살 버릇 여든까지 간다'라는 고정관념 하나가 사라졌다. 물론 그 과정이 절대 쉽진 않았다. 수면이란 인간의 3대 생존 본능이라고 하지 않던가. 잠을 줄인다는 것은 원시시대부터 내려온 죽음을 방지하기 위한 본능이다. '일어날까 말까?', '딱 5분만 더 자다가 일어나는 거야.', '오늘은 기분이 영 별로니 그냥 더 자자!' 등 알람을 끈 뒤 더 자고 싶은 마음이 들어 매일 아침 나와의 전쟁을 치르곤 했다. 알람이 울리는 순간, 지금 일어나야 한다는 것을 분명히 알고 있지만, 번번이 다시 잠들었다. 그렇게 이불 속에서 갈등하다 잠을 선택하고 일어날 때면 그 하루는 후회로 시작되었다.

실패의 반복으로 무기력한 일상을 보내던 어느 날, 그 당시 베스트셀러였던 『5초의 법칙』을 읽게 되었다. 책의 저자인 멜 로빈스는 TV 속 화면에서 "5, 4, 3, 2, 1, 0"의 카운트다운 후 로켓이 발사되는 장면을 보게 되었고, 그 이후 스스로 로켓처럼 빠르게 움직일 수 있는 자신만의 법칙을 만들었다. 아주 빨리 움직여서 자신에게 갈등할 시간조차 주지 않는 방법이었다. 책을 읽고 나서 참으로 기발한 방법이라는 생각이 들었다. 나는 이를 약간 변형해 '핫, 둘, 셋' 법칙을 만들었다. 한국 사람들은 숫자 '3'을 좋아한다. 어떤 일이든 하나, 둘, 셋을 외치면 몸이 반응한다. 끝음이 더 센 발음이 나서인지 "일, 이, 삼!"보다 "하나, 둘, 셋!"이 더 강력하게 들려 빨리 움직이게 되는 느낌이다. 잠에서 깨워주는 것이 알람 시계라면 귀찮음을 깨워주는 알람은 '핫, 둘, 셋' 법칙인 셈이다. 내 안에 이런 알람 하나쯤 만들어두자. 스스로 주문을 외침으로써 어느새 나는 생각대로 움직이고 있을 것이다.

잠에서 깨어나면 그때부터 머릿속에서는 많은 생각이 떠오른다. 단순히 '일어나기 싫다', '일어나야겠다'라는 생각뿐만 아니라 어제 만났던 사람과 있었던 일, 나의 고민, 오늘의 일정 등이 번갈아가며 떠오른다. 이런저런 생각을 하다 보면, 어느새 10분에서 30분이 훌쩍 지나가 버린다. 그럴 땐 머릿속 생각 차단 버튼을 눌러야 한다. 이때 적용할 것은 "핫, 둘, 셋"을 외치고 벌떡 일어나는 것이다. 마치 기계의 전원 스위치를 누르듯이, 자동차의 시동을 켜듯이, 내 입으로 소리를 내어 몸에 명령을 내린다. 나의 경우는 "핫, 둘, 셋" 외치며 벌떡 일어나 현관 밖으로 나가 새벽길을 걸었다. 이 방법으로 새벽잠을 확 줄일 수 있었다.

『지금 힘든 당신 책을 만나자』의 저자 황상열 작가가 주최하는 글쓰기 프로그램인 '닥치고 글쓰기'라는 모임이 있다. 이 제목을 듣자마자 '큭' 하고 웃었다. 이름 한번 정말 잘 지은 것 같다. '닥치고 글쓰기라니….' 각종 변명거리가 올라오는 것을 허용하지 않는 것이다. 변명은 원천 차단 봉쇄하고 무조건 하라는 의미이다. 따뜻하고 포근한 이불 속에 있다 보면 계속 누워있고 싶은 충동이 든다. 하지만 해야 할 일이 있다면 몸은 편해도 마음은 불편할 것이다. 어차피 일어나야 한다. '핫, 둘, 셋' 법칙으로 귀찮다는 생각은 꺼버리고 바로 행동해 보자.

4

이것만 피하면 결국엔 성공한다

기상 습관을 기르는 데 가장 큰 적은 좌절이다. 좌절은 '역시 나는 안 돼' 혹은 '나는 할 수 없어'라는 무력감을 불러온다. 하지만 앞에서 여러 번 말했듯이 나는 오전 10시에 일어나기도 하고 주말이면 오후 늦게 일어날 정도로 하루의 절반 이상 잠속에 빠져 살았다. 잠 때문에 여러 번의 퇴사도 겪었다. 그런 삶을 살던 나도 성공했다.

새벽 기상뿐만 아니라 모든 습관은 내게 익숙해지고 체화되는 기간이 필요한 법이다. 습관을 만든다는 것은 내게 없는 것을 있게 만드는 것이다. 그 과정은 당연히 쉽지 않다. 습관을 만드는 기간 속에서 사람들은 고군분투하는 순간들을 만날 수밖에 없다. 사람은 죽을 때까지 계속해서 배우는 존재다. 배움이 인풋이라고 하면 행동은 아웃풋이다. 성공한 사람들도 오늘이라는 시간을 두 번 살아본 사람은 없다. 마찬가지로 계속해서 연습하는 날들이 모이면 점점 더 나은 나를 만들게 된다. 오늘 하지 못했으면 내일 다시 하면 된다. 성공과 실패의 차이점은 다시 도전하는 것이다. 오늘의 실패로 내 존재 자체를 부정적으로 만들지는 말자.

"나는 '하면 된다'라는 말은 믿지 않아도 '하면 는다'라는 말은 믿는다"라는 글을 본 적이 있다. 진짜 맞는 말이다. '하면 된다'는 것은 보장할 수 없는 말이지만, '하면 는다'는 것은 확실한 말이다. 이 말은 기상 습관뿐만 아니라, 내가 도전하는 모든 것에 해당하는 말이다. 사람들은 내게 어떻게 그렇게 꾸준히 하느냐는 질문을 많이 하곤 한다. 그럴 때 내가 할 수 있는 답은 "그냥 하는 거예요"이다. 생각이 많으면 못 하는 법이다. 꾸준히 하는 것에 거창한 비밀이 있는 것 같지만 생각났을 때 그냥 하는 것이 꾸준함의 비밀이라면 비밀이다.

기상 시간도 처음에는 힘들어도, 어느새 점점 익숙해진다. 그리고 그 시간이 몸에도 축적되어 어느새 알람 없이도 일어나게 된다. 오늘 못 일어났다면 다음 날 다시 일어나면 된다. 좌절하지 말자. 다시 도전할 수 있는 내일은 매일 계속 온다. 마음을 가볍게 하고 시작하기만 하면 된다. 아침이라는 시간은 매일 아침 오니까 말이다. 도전이라는 것은 매우 거창한 듯하지만, 그 시작은 아주 단순하고 쉽다. 거창하게 시작하려고 하면 준비하다가 끝나버리고 만다. 그래도 그 안에는 도전해 볼까 말까 하는 마음을 이기고 시작했기 때문에 그 자체가 위대하다. 시작했으면 계속 가는 것이다. 가는 데까지 가다 보면 그만큼의 보상이 나에게 온다. 그러니 좌절은 금물이다. 성공하기 위해서는 '실패'라는 경험은 꼭 필요한 과정이고 그 과정들이 모이고 쌓이면 그 자체가 하나의 커다란 성공이 된다.

새벽 기상을 하면 성공한다고 했다. 돌이켜 보니 성공할 수밖에 없다는 생각이 든다. 과거의 나는 회사도 여러 번 잘려본 늦 잠꾸러기였다. 의지박약에 되는대로 살던 사람이었으며 80kg 몸무게에 움직이기도 싫어했다. 그랬던 내가 새벽에 일어났을 뿐인데 베스트셀러 작가가 되었고, 다이어트 성공 사례자로 방송 촬영도 했으며 보디 프로필도 찍게 되었다. 모두 지난 새벽의 시간들이 훗날 내게 절대 포기하지 않는 근력을 가져다준 덕분이다. 나도 했듯이 당신도 할 수 있다. 당신의 도전과 실패, 그 속에서도 또다시 도전하는 한 걸음 한 걸음을 축복하며 응원한다.

5

인생을 풍요롭게 해주는 미라클 루틴

① 긍정 확언

"말은 파괴하거나 치유하는 힘이 있다. 진실하고 친절한
말은 세상을 변화시킬 수 있다."

– 붓다

잠에서 일어나자마자 내가 바라는 미래의 이상향을 거울을
보고 외쳐보자. 이를 통해 내게 더욱더 긍정적인 자신감을 심어
줄 수 있다. 말에는 생각보다 10배의 힘이 있기 때문이다. 나에
게 하는 말은 혼자 듣는 말이기에 내게 가장 영향력이 세다. 내
가 원하는 모습을 마치 주문을 외우듯이 의식적으로 이야기해
보자. 누군가가 나에게 지속해서 "너는 OO한 사람이야."라고 긍

정적인 말을 한다면 분명 나는 그 사람의 말을 따라가게 되어 있다.

② 시각화

"미리 당신 마음속으로 어떤 일들을 완벽하게 해내는 연습을 하며 시간을 보내라. 크게 성공한 사람들은 이미 다들 그렇게 하고 있다."

—앤드루 매튜스

앞에서 내가 원하는 모습을 프린트해서 보드에 붙여 놓는 비전 보드에 대해 언급한 바 있다. 매일 아침 긍정 확언으로 내게 좋은 말을 해준다면 비전 보드로 내 미래에 대한 상상력을 더욱 뚜렷하게 만드는 것이다. 예를 들어 내가 수영장이 있는 이층집을 구매하고 싶다는 목표를 가졌다고 하자. 수영장이 있는 이층집은 실제로 여러 모양의 집이 있다. 정확한 실물 사진을 붙이고 사진 속 집을 구매하고 싶다는 생각을 매일 내 머릿속에 집어넣는 것이다. 나아가 날짜를 표기하고 그 날짜에 이루기 위한 목표 단계를 계획하는 것은 아주 좋은 방법이다. 매일 비전 보드를 보며 "난 저 집을 꼭 구매할 거야"라고 다짐하다 보면 어느새인가 집값을 계산하게 되고 '어떻게 하면 그만한 돈을 만들 수 있을까?' 하며 정보를 찾아보기도 한다. 그 정보 중 내가 실천할 수 있는 것들을 하나하나 행동으로 옮기다 보면, 행동에 따른 결과로 내 자아상도 커질 뿐만 아니라 분명 수영장이 있는 이층집, 혹은 빌딩에서 살게 되는 날이 올 것이다.

꿈을 현실화해줄 비전 보드

③ 명상

"명상은 탐진치를 버리는 과정이며, 놓아버리는 길입니다."

– 혜안 스님

우리는 온종일 아침부터 밤까지 대단히 많은 소음과 잡음 속에 하루를 보내고 있다. 새벽 고요한 시간에 눈을 감고 호흡에 집중하면서 심연에 빠져보자. 처음에는 머릿속에서 온갖 잡념들이 시끄럽게 수다를 떨 것이다. 내 머릿속 소음이 내게 떠들 때마다 그 소음에 귀를 기울이기보다 호흡에 집중하기를 반복하다 보면 자연스럽게 수다스럽던 생각은 잠잠해진다. 물론 명상이 어려울 수도 있다. 이 경우 유튜브에 '명상'이라고 검색하면, 관련 동영상이 많이 나온다. 영상에서 이야기해주는 대로 따라 하면 혼자 하는 것보다 훨씬 더 쉽게 할 수 있을 것이다. 명상은 내 몸과 마음에서 의식을 분리하여 현재의 나를 바로 보는 연습을 하는 시간이다. 평상시에 감정 조절이 잘 안 되는 사람들이 명상을 꾸준히 하게 되면 '내가 화가 났구나', '내가 기분이 좋구나' 하고 어느새 내 감정을 스스로 알게 된다.

④ 독서

　　"나는 한 권의 책을 책꽂이에서 뽑아 읽었다. 그리고 그
　　책을 꽂아 넣었다. 그러나 나는 이미 조금 전의 내가 아
　　니다."

- 앙드레 지드

독서가 좋다는 것은 두말할 것도 없다. 이미 많은 사람이 이야기할 정도로 독서의 좋은 점은 여기저기에서 알 수 있다. 독

서를 일어나자마자 새벽에 해보자. 조용한 새벽 시간에 집중해서 읽다 보면 나는 어느새 책과 하나가 된다. 책 한 권을 다 읽지 못해도 좋다. 딱 한 단락만 읽어도 그 안에 내가 생각하지 못했던 작가의 지혜가 있기 때문이다. 사람은 죽을 때까지 배우는 존재다. 경험으로 배우는 것이 내게 가장 큰 효과를 주지만, 책은 그 경험의 시간을 단축하게 해주는 아주 훌륭한 도구이다. 책 한 권엔 한 사람의 인생이 담겨있다. 책 3,000권을 읽으면 나의 마지막 직업을 찾게 된다고도 했다. 독서가들이 모두 리더가 되는 것은 아니지만 세상의 리더는 모두 독서가다.

⑤ 글쓰기

> "인간은 읽으면서 충실해지고, 듣고 말하면서 영리해지며, 쓰면서 철저해진다."
>
> – 베이컨

책을 읽으면 내 마음에 꽂히는 문장을 발견하게 될 것이다. 그럴 때면 내 생각을 고쳐주고, 남은 인생을 더 올바른 길로 가게 해주는 선물을 얻은 것 같은 든든한 느낌이 든다. 주옥같은 문장들을 감탄하며 읽었다고 해도 내 것으로 만들어 오래 남기려면 그 문장으로 얻은 내 생각의 글을 기록으로 남겨야 한다.

글쓰기가 익숙하지 않은 사람은 단순히 한두 줄 정도만 가볍게 써도 좋다. 어떤 생각이 들었는지, 앞으로 내게 어떻게 적용할 수 있는지부터만 시작해도 성장하는 사람이 된다. 더 나아가서는 내가 쓴 글이 다른 사람의 성장에도 도움이 될 수 있게 된다. 말은 금방 사라지지만 글은 내 후대에까지 남길 수 있다. 내가 자녀 옆에 없다 하더라도 내 글을 읽고 부모를 이해하고 회상할 수 있다면 그 자체만으로도 정말 감사한 일일 것이다. 글은 자꾸 써보면 늘게 된다. 뭐든지 처음부터 잘하는 건 없다. 인생은 연습과 진화의 반복이다.

⑥ 스트레칭

"몸을 건강하게 유지하는 것은 나무와 구름을 비롯한 모든 것, 즉 전 우주에 대한 감사의 표시이다."

– 틱낫한

사람이 자는 동안에는 신체 활동이 느려지게 된다. 최소 5시간에서 8시간 동안 사람은 먹지도 않고 물도 마시지 않은 채 잠만 잔다. 내 몸의 세포들도 수면시간 동안은 느려진다. 활동을 멈추면 위험해지는 심장과 뇌만 그대로 둔 채 다른 기관들은 모두 운동량이 저하되고 피도 느리게 돌게 된다. 몸이 약한 아기들이나 나이가 많으신 할아버지 할머니들이 한밤중에 사망하는 일이 발생하는 경우도 이 때문이다. 아침에 눈을 뜨면 내 몸이 건강한 것에 일단 감사해 하고, 여기저기 굳어진 몸을 위해 스트레칭을 하자. 침대에서 깨자마자 기지개를 쭉쭉 켜게 되면 내 온몸의 구석구석까지 시원한 느낌이 든다. 다른 운동들도 좋지만, 아주 기본적인 체조만으로도 좋다. 초등학교에서 배웠던 국민체조만 해도 아주 훌륭한 운동이 된다. 이 밖에도 옆구리 늘리기, 목 돌리기, 팔꿈치 당겨주기 등의 간단한 스트레칭만으로 건강한 아침을 시작할 수 있다.

⑦ 하루 계획 세우기

　　"계획이란 미래에 관한 현재의 결정이다."

- 드래커

아침에 그날의 계획을 세우는 일은 오늘 내가 할 일 들의 목표를 정해주는 것이다. 내가 즐겨 보는 유튜브 채널 중에 '체인지 그라운드'라는 채널이 있다. 그 채널에서 '5억과 맞바꾼 조언'이라는 영상이 있는데, 미국의 베들레헴 철강회사 사장이자 최고의 갑부 중 한 명인 찰스 슈왑의 이야기이다. 찰스 슈왑은 직원들의 업무 효율과 생산성에 대해 고민을 하던 중 우연한 기회에 '아이비 리'라는 사람을 알게 되었다. 아이비 리는 직원들에게 그날 해야 할 6개의 과제를 적어 우선순위를 정하고 실천할 것을 조언했다. 또 이를 매일 반복하라고 했다. 찰스 슈왑의 직원들은 꾸준히 이를 실천했고, 찰스 슈왑은 아이비 리에게 조언의 대가로 5억을 지급했다. 하지만 그보다 더 놀랄 일은 찰스 슈왑의 회사는 아이비 리에게 지급한 5억의 몇십 배가 넘는 이익을 달성했다는 것이다. 매일 해야 하는 일을 적는 행위 자체가 작은 시작이 되어 하루를 어떻게 시작할지 알게 해주고 성취로 이어준 셈이다.

계획이란 하루를 관리하는 행동이다. 그 날 해야 할 일 중 가장 중요한 일들을 배치해 놓고 나면 "오늘은 이것만큼은 해야지!"하고 결국은 하게 된다. 아침에 세우는 계획은 나를 움직이게 한다. 하루는 인생의 축소판이다. 매일의 계획을 완수해 나가다 보면 내 거대한 인생의 계획도 결국은 완수해낼 수 있게 된다. 다이어리나 수첩에 오늘 할 일을 적어보자. 그리고 그 일을 수행해보자. 오늘 저녁 메뉴 반찬거리를 사더라도 그것은 내가 선택한 임무를 완수했기에 뿌듯한 느낌이 들 것이다.

새벽의 시간

이경진

나는 아무도 깨어 있지 않은
새벽에 일어나 하루를 시작한다.

새벽의 시간 동안에 완성된 글은
나의 하루를 더 가치 있게 살게 해준다.

동쪽 하늘로 해가 떠오르는 아침이 오게 되면,
그 시간을 더 나은 나로 바로 서서 걷기 위해서라도,
글을 쓰는 이 새벽이 내겐 자존의 시간이다.

글쓰기를 마친 뒤에는 밖으로 나가,
새벽 공기를 들이마시며 달리기를 시작한다.
어스름한 새벽의 공원은 매일 같은 자리에서
같은 모습으로 나를 환영해 준다.

봉화산 기슭과 연결된

공원으로 올라가는 계단은,

양옆으로 억새풀이 크게 자라있다.

그 광경은 마치 경기장의 출발점에서

나를 응원해주는 거대한 응원단의 모습이다.

그 웅장한 모습의 군락을 이룬

억새풀 사이 계단을

힘을 주어 뛰어 올라간다.

글로써 나를 세우고,

뜀박질로 나를 응원하며,

오늘도 어제와 같은 삶 속에서,

한 계단씩 도전하며 나아가고 있다.

혼자의 시간이지만 혼자가 아니다.
지금까지 살아왔던 나와
지금 이 순간 행동하는 나,
미래에서 기다리고 있는 내가
모두 여기에 있다.

그리고 나는 지금 이 순간에도
그 모든 꿈의 순간들을 살고 있다.

신선한 새벽 공기 속에서
한 발자국씩 뗄 때마다,

나의 미래를 향해 점점 굳건해지는 다짐들이,
내겐 매일 익숙하고도,
새로운 날의 행복한 새벽 풍경이다.

미라클 모닝으로 살게 된 메신저의 삶

나는 항상 부자가 되고 싶었다. 그래서 사람들과 부자가 되는 법을 이야기하며 서로를 응원하는 삶 속에서 살아왔다. 그런 세월 동안 알게 된 많은 분들께 나는 크고 작은 도움을 받곤 했다. 자신이 쓰던 재봉틀을 주신 분도 있었고, 김장했다며 한 통 가득 직접 담그신 김치를 주시는 분도 계셨다. 또 아이들 가져다주라며 간식거리를 선물해 주신 분들도 계셨다. 집으로 돌아오는 버스 안에서 양손 가득히 들린 선물들을 바라보니 문득 가슴이 뜨거워졌다. '사람은 절대 혼자서만 잘한다고 부자가 되는 것은 아니구나' 하는 생각이 들기도 했다. 동시에 내가 받은 마음들을 다시 돌려주기 위해서라도 성공하고 싶은 마음이 들었다. 성공하면 나 역시 다른 이를 위해 도움을 줄 수 있다고 생각했다.

그 뒤로 내가 할 수 있는 건 무엇일까 고민했다. 비록 스스로 인생의 모든 면에서 성공했다고 할 수는 없지만, 새벽 기상만큼은 성공을 거두었다고 자부한다. 새벽 기상을 통해 스스로 변화되는 기적을 경험했기 때문이다. 그렇게 새벽 기상 모임을 만들고 다른 사람들의 기상을 돕고자 했다. 많은 이들에게 내가 경험한 것들을 공유해 다른 사람에게도 긍정적인 변화의 경험을 선사하고 싶었다. 그렇게 나 혼자 하던 새벽 시간을 다른 사람과 함께 하기 위해 '우주 최강 미라클 모닝' 모임을 만들었다. '프로그램은 어떻게 만들어야 하지?', '사람들이 얼마나 올까?', '아무도 안 오면 어쩌지?' 등의 수많은 걱정을 뒤로하고 든 생각은 '단 한 명이라도 이 프로그램으로 도움이 된다면 그것만으로도 가치가 충분하다'는 것이었다.

소심했던 처음의 걱정과는 달리 내가 만든 프로그램에 사람들이 하나둘 모여들었다. 사람들은 나에게 변하고 싶다고 했다. 그들을 변화시키고자 나 역시 그들을 위해 물심양면으로 도왔다. 이때부터 책상 앞 벽에 "나는 사람들을 변화시켜주는 사람이다!"라는 문구를 붙여두고 단순히 의무감이 아닌 그들 삶의 조력자가 되어야겠다고 매일 마음을 단단히 했다. 그때부터 하루하루 그들과 함께 새벽 기상을 하며 서로의 루틴을 공유하는 삶을 지금까지 계속하고 있다.

누군가의 문제를 해결하도록 돕는 것은 굉장한 경험이다. 누군가를 돕는다는 것은 그 사람을 진정 아끼고 사랑해야만 가능하다. 그 진심이 전해졌을 때 상대방은 성장하게 되고 도움을 준 사람은 보람을 느낄 수 있다. 스스로 베풀고 싶어 도움을 주었지만, 오히려 많은 이들에게 또다시 되려 도움을 받기도 한다. 내게 감사한 마음을 전하고 싶다며 직접 만든 과일청에 생활용품을 한가득 주시기도 하고 어느 분은 사무실 개업선물로 커다란 비전 보드를 만들어 선물해 주었다. 나와 인연을 맺은 많은 분들은 내게 좋은 일이 있으면 실시간으로 축하 인사를 전하며 선물을 주시기도 하셨다. 그때마다 가슴 뭉클해지는 행복하고 감사한 순간들이 아닐 수 없다.

특히 글쓰기 모임을 만들고 난 뒤 내게 글을 배우겠다고 오셨던 멘티님의 글에 감동을 받기도 하고 내 삶의 방향을 다시 바로잡는 등 수강생님들의 성장을 보며 나도 함께 성장하는 경험을 했다. 내게 온 사람들에게 사랑하는 마음으로 대하기 시작하니 내 삶에도 정성이 깃들기 시작했다. 내 아이들에게 전하는 말을 더 친절하게 해주고자 노력하게 되었다. 길 가다 만나는 모르는 사람들에게도 행복을 빌어주게 되었으며, 매 순간 깨닫는 일상의 가르침들은 글로써 더 많이 전하며 살고 있다. 무엇보다 사람들에게 더 좋은 것을 같이 나누기 위해 아이디어를 구상하고 실천하는 근사한 삶을 살고 있다. 수강생님들의 새벽 기상 습관을 돕기 위해 오늘도 나는 새벽에 일어나고 있다. 앞으로도 매일 더 좋은 메시지를 전하는 메신저의 삶을 살 것이다.

끝으로 성장에 많은 도움을 주신 나의 스승님들이신 DID 마스터 송수용 대표님, 김상임 코치님, 기성준 작가님, 이원준 작가님, 박현근 코치님, 김 산 코치님, 박재현 코치님, 김재혁 코치님, 박미현 코치님, 최소현 코치님, 정다운 집사님, 미라클 여신님, 김준범 작가님께 감사의 인사를 드린다.

또한, '우주 최강 꿈메이커', '우주 최강 책나비', '우주 최강 미라클 모닝', '우주 최강 다이어트' 대표님들과 나의 새벽 기상을 도와준 '새벽 기상'커뮤니티의『잘되는 사람은 무엇이 다른가』저자 유대호 작가님과 회원님들께도 감사함을 전한다.

나의 두 번째 책이 출간될 수 있도록 도와주신 이담북스 출판사 대표님과 김채은 담당 편집자님께도 진심으로 감사하다는 말을 전한다. 마지막으로 가족들, 친지분들과 친구들 그리고 짧은 인생 소풍을 살다 하늘에 가신 사랑하는 내 어머니께 이 책을 바친다.

1. 미라클 모닝 후기

 첫 번째 후기 _ 우주 최강 미라클 모닝 3기 　　　이** 님

여태껏 책 한 권 제대로 읽은 적 없는 제가 지금은 매일 독서를 하고 있습니다. 모두 새벽 기상 덕분입니다. 미라클 모닝 모임을 통해 하루도 빠짐없이 새벽 기상을 실천하면서 독서는 물론 필사, 운동(걷거나 뛰기) 등을 꾸준히 하고 있습니다. 늘 부정적인 생각이 가득했는데, 새벽 기상을 하면서 긍정적으로 바뀌었습니다. 앞으로도 조금씩 조금씩 성장하는 사람이 될 것이라고 확신합니다.

 두 번째 후기 _ 우주 최강 미라클 모닝 3기 　　　김** 님

제 삶의 변화는 이미 새벽 기상을 하던 첫째 주부터 일어나고 있었습니다. 독서와 일기로 마음을 기록하니 제게 필요한 것이 무엇인지 좀 더 명확해졌습니다. 분명 저를 돌아보는 의미 있는 시간이었고, 새벽 루틴을 지속하며 꿈을 이루는 사람이 되고 싶다는 목표가 생겼습니다.

세 번째 후기 _ 우주 최강 미라클 모닝 3기　　　이** 님

혼자라면 쉽지 않았을 새벽 기상을 누군가와 함께한다는 것만으로도 큰 힘을 받았습니다. 매일같이 일찍 일어나서 마음의 양식이 되어줄 책들을 읽고, 영어 공부를 하고, 운동하다 보니 몸과 마음이 건강해짐을 느낍니다. 무엇보다 나는 할 수 있다는 마음가짐을 갖게 되어 부쩍 자신감도 생겨났습니다. 또 하루하루 치열하게 살아갔다면 새벽 시간을 통해 여유로운 삶을 살아가는데 큰 도움이 되었습니다.

세 번째 후기 _ 우주 최강 미라클 모닝 3기　　　김** 님

새벽 기상을 습관으로 하는데 성공하면서 어떤 일이든 할 수 있다는 자신감을 얻었습니다. 또한, 같이 하는 사람들의 열정과 새벽에 일어나 마시는 공기를 통해 삶의 활력을 온몸 가득 느끼고 있습니다. 활기찬 하루하루를 보낼 수 있다고 생각하니 두근두근 설레는 삶이 아닐 수 없습니다.

다섯 번째 후기 _ 우주 최강 미라클 모닝 3기　　　양** 님

함께하는 회원들이 대부분 새벽 기상에 성공하면서 저 또한 큰 감동을 얻었습니다. 힘든 과정을 이겨낸 모든 분께 존경의 말씀을 드리고 싶습니다. 또 '성공한 사람들도 이렇게 힘든 과정을 겪는구나'라고 생각하니 저의 부족함이 곧 성장의 시작점이 될 수 있다는 깨달음을 얻었습니다.

여섯 번째 후기 _ 우주 최강 미라클 모닝 4기 　　　한** 님

많은 사람들이 새벽 일찍부터 일어나 열심히 살아가는 모습에 자극을 많이 받았습니다. 또 함께 하는 분들의 에너지가 모여 더 큰 힘을 얻고 있습니다. 시간이 지날수록 저의 기상 시간이 점점 당겨지는 것도, 성실하게 루틴을 해나가는 것도 모두 이곳에 들어온 덕분입니다. 새벽 기상을 시작한 것이야말로 제 삶의 큰 터닝 포인트가 된 것 같습니다.

 일곱 번째 후기 _ 우주 최강 미라클 모닝 4기 　　　이** 님

새벽 기상을 통해 '감사함'에 대해 다시 한번 생각하게 되었습니다. 미라클 모닝 모임을 통해 소중한 분들을 만나 감사하고, 돕는 자를 붙여주시는 하느님이 계심에 감사하고, 감사한 마음을 감사하다고 표현할 수 있어 감사합니다. 특히 새벽 기상을 통해 변화된 삶을 살고 싶었는데, 한 발 더 도약하기 위한 시간을 갖게 된 것 같아 제게 큰 의미가 있었습니다.

 여덟 번째 후기 _ 우주 최강 미라클 모닝 5기 　　　유** 님

언제나 늦게 잠들어서 아이들 학교 가는 시간도 겨우 맞추어 우당탕 밥 먹이고, 학교 태워다 주고…. 그야말로 여유가 없이 늘 쫓기던 제 아침 시간에 '우주 최강 미라클 모닝'을 만나 기적이 일어났습니다. 대표님의 피드백에 따라 30분씩 기상 시간을 당기다 보니 지금은 5시 30분에 일어나고 있습니다. 새벽 시간이 황금 시간이라는 말을 절실하게 체험합니다. 집중력도 최고이고 깨닫고 실행할 수 있는 에너지도 받고 있습니다.

2. 21일 루틴 평가표(3주 챌린지)

> *** 21일 동안 지켜야 할 나만의 루틴 적어보기**
>
> **1**
>
> **2**
>
> **3**

21일 루틴 평가표(3주 챌린지)								합계 (35점 만점)
1주 차	1일 차	2일 차	3일 차	4일 차	5일 차	6일 차	7일 차	___점
	___점	___점	___점	___점	___점	___점	___점	
2주 차	8일 차	9일 차	10일 차	11일 차	12일 차	13일 차	14일 차	___점
	___점	___점	___점	___점	___점	___점	___점	
3주 차	15일 차	16일 차	17일 차	18일 차	19일 차	20일 차	21일 차	___점
	___점	___점	___점	___점	___점	___점	___점	

- 1~5점까지 그날의 점수를 매긴다. 자신이 정한 루틴을 매우 잘 지켰으면 5점, 잘 지켰으면 4점, 보통이면 3점, 잘 지키지 못했으면 2점, 매우 못 지켰으면 1점으로 표기한다.

- 셀프 상벌의 점수 기준은 30점으로 일주일의 합계가 30점이 넘으면 자신에게 상을 준다. 30점 미만 시에는 스스로 정한 벌을 준다.

- 스스로 정한 루틴을 얼마나 정직하게 지키느냐에 따라 평가표 작성의 의미가 있다. 상벌제도는 도구일 뿐, 진짜 목표는 습관을 만들기 위함임을 정확히 알고 시작해 보자.

3. 시간 기록부

나의 비전	
비전을 위한 일	

오늘 해야 할 일	내일 할 일	앞으로 해야 할 일
1.	1.	1.
2.	2.	2.
3.	3.	3.

시간	플랜(해야 할 일)	리포트(실제 한 일)
AM 3~4		
AM 4~5		
AM 5~6		
AM 6~7		
AM 7~8		
AM 8~9		
AM 9~10		
AM 10~11		
AM 11~12		
PM 12~1		
PM 1~2		
PM 2~3		
PM 3~4		
PM 4~5		
PM 5~6		
PM 6~7		
PM 7~8		
PM 8~9		
PM 9~10		
PM 10~11		
PM 11~12		

오늘의 배운 점
1.
2.
3.
4.
5.

칭찬	
성공	
감사	
반성	
다짐	

1940년대 영국의 유명 화가 프란시스 베이컨은 "시간을 선택하는 것은 시간을 절약하는 것이다"라고 말했다. 한정된 시간을 무엇을 위해 어떻게 사용할지 고민하고 잘 선택한다면 곧 나의 시간을 크게 절약해 준다는 의미이다.

시간 기록부를 더 잘 활용하기 위해 나의 경우 하루의 시간 기록뿐만 아니라 인생 비전까지 담을 수 있는 표를 직접 만들어 쓰고 있다. 2개의 양식이 한 면에 나올 수 있게 만들어 여러 장 프린트하여 제본해서 쓰고 있는데 시간 기록부를 펼치면 그날 한 일들뿐만 아니라 그날 배운 점 등을 한눈에 볼 수 있다는 장점이 있다. 시간 기록부를 통해 일의 능률을 높이는 것은 물론, 이전보다 더 체계적인 삶을 살아가는 데 도움이 되길 바란다.

- '나의 비전'에는 내 인생의 가장 큰 삶의 비전을 적는다. 그 아래의 '비전을 위한 일'에는 그 비전을 이루기 위해 수반되어야 하는 행동들을 적는다. 비전을 위한 행동이 있어야 나의 비전을 이룰 수 있다.

- '오늘 해야 할 일'과 '내일 할 일'에는 오늘 꼭 해야 할 스케줄과 내일의 스케줄을 적는다. '앞으로 해야 할 일'에는 계획되어 있는 일, 계획되어 있지 않은 일들을 적어 언젠가의 중요한 일을 확인하는 작업을 한다. 어제 못한 일들을 이곳에 적어 처리하는 것도 좋은 방법이다.

- '플랜(해야 할 일)'에는 미리 계획되어 있는 일을, '리포트(실제 한 일)'에는 그 시간에 실제로 한 일을 시간대별로 적는다.

- '오늘의 배운 점'에는 그날 읽은 책이나 지인과의 만남에서 배운 점들을 적어두면 좋다.

- '칭찬, 성공, 감사, 반성, 다짐'의 칸에는 그날의 자기 칭찬과 성공 기록, 감사한 일, 자기반성, 그로 인해 깨달은 앞으로의 다짐 등을 적어두자.

오늘도 새벽에 일어나
기적을 깨웁니다

초판인쇄 2022년 01월 07일
초판발행 2022년 01월 07일

지은이 이경진
발행인 채종준

출판총괄 박능원
편집장 지성영
책임편집 김채은
디자인 홍은표
마케팅 문선영 · 전예리
전자책 정담자리

브랜드 이담북스
주소 경기도 파주시 회동길 230 (문발동)
문의 ksibook13@kstudy.com

발행처 한국학술정보(주)
출판신고 2003년 9월 25일 제406-2003-000012호

ISBN 979-11-6801-233-2 13190